山东省革命文物图文大系

山东博物馆　编著

科学出版社

北京

图书在版编目（CIP）数据

山东省革命文物图文大系：全十卷 / 山东博物馆编著. -- 北京：科学出版社，2024.12. -- ISBN 978-7-03-080020-6

Ⅰ. K871.62

中国国家版本馆CIP数据核字第2024SC9750号

责任编辑：张亚娜　樊　鑫／责任校对：张亚丹
责任印制：张　伟／书籍设计：北京美光设计制版有限公司

科 学 出 版 社 出版

北京东黄城根北街16号
邮政编码：100717
http://www.sciencep.com

北京华联印刷有限公司印刷
科学出版社发行　各地新华书店经销

*

2024年12月第　一　版　开本：889×1194　1/16
2024年12月第一次印刷　印张：123 3/4
字数：2 600 000

定价：3680.00元（全十卷）

（如有印装质量问题，我社负责调换）

分卷主编

第一卷 孙艳丽		第二卷 孙艳丽　贾依雪	
第三卷 李娉　贾依雪		第四卷 杨秋雨	
第五卷 杨秋雨　仪明源		第六卷 仪明源　于秋洁	
第七卷 刘宁　张小松		第八卷 刘宁　怀培安	
第九卷 怀培安　李娉		第十卷 张小松	

撰写团队（按姓氏笔画排序）

卜鑫	于佳鑫	于法霖	于秋洁	于颖欣	万本善	马军	马静	马天成
马克凡	王美	王浩	王晶	王鹏	王睿	王小羽	王之信	王之谦
王丹青	王文红	王文博	王平云	王亚敏	王丽媛	王凯强	王思涵	王晓妮
土婳娜	土培栋	车悦	毛洪东	孔凡胜	卢绪乐	仪明源	冯明科	宁志刚
毕晓乐	曲菲	吕健	吕其林	任伟	任维娜	庄倩	刘宁	刘畅
刘凯	刘婧	刘长艳	刘军华	刘丽丽	刘树松	刘剑钊	刘逸忱	江海滨
许哲	许文迪	许盟刚	孙佳	孙颖	孙全利	孙利堂	孙纬陶	孙艳丽
苏琪	苏力为	杜晨英	李波	李娉	李媛	李婷	李兴栋	李克松
李国盛	李寅初	李博文	李晶晶	李景法	李献礼	杨坤	杨昊	杨燕
杨立民	杨亚昱	杨秋雨	杨靖楠	吴昊	谷淼	怀培安	宋松	宋卓远
张丹	张卡	张军	张媛	张璐	张小松	张世林	张有才	张秀民
张美玲	张晓文	张海燕	张淑敏	陈晓	陈鹏	陈孟继	林立东	昌筱敏
罗琦	罗永华	周宁	周光涛	周兴文	郑学富	郑德平	官春磊	项顼
赵金	赵文彬	赵均茹	赵皎琪	赵蓓蓓	郝明安	胡可佳	姜羽轩	姜晴雯
姚超	姚焕军	袁晓梅	聂惠哲	贾庆霞	贾依雪	贾婧恩	夏敏	徐艳
徐静	徐磊	徐晓方	徐赛凤	高丽娟	唐铭洎	黄巧梅	黄祖文	崔强
崔萌萌	康甲胜	阎虹	梁连江	梁新雅	董艺	董倩倩	韩晓燕	焦玉星
赖大邃	雷茜	蔡亚红	蔡运华	蔡言顺	薛喜来	穆允军	穆红梅	

学术顾问

邱从强　张艳芳　郑宁波　徐畅　崔华杰

审校

李娉　孙艳丽　怀培安　贾依雪

文物摄影

阮浩　周坤　赵蓓蓓　蔡启华

参加单位

★ 省直单位

山东博物馆	中共山东省委党校（山东行政学院）图书和文化馆
山东省档案馆	山东省图书馆
孔子博物馆	山东大学图书馆

★ 济南市

济南市博物馆	济南市章丘区博物馆
济南市济阳区博物馆	济南革命烈士陵园（济南战役纪念馆）
济南市莱芜区博物馆	中共山东早期历史纪念馆

★ 青岛市

青岛市博物馆	青岛海关博物馆
青岛道路交通博物馆	青岛市黄岛区博物馆
青岛市即墨区博物馆	青岛市即墨区烈士陵园
青岛市档案馆	青岛市革命烈士纪念馆
中共青岛党史纪念馆	中国人民解放军海军博物馆
莱西市博物馆	黄岛烈士陵园纪念馆
平度市博物馆	平度市烈士陵园
胶州烈士纪念馆	

★ 淄博市

淄博市博物馆	淄博市焦裕禄纪念馆
淄博煤矿博物馆	黑铁山抗日武装起义纪念馆
淄博市公安局	桓台博物馆
高青县革命历史纪念馆	沂源博物馆
沂源县革命烈士陵园（革命历史纪念馆）	

★ 枣庄市

枣庄市博物馆	铁道游击队纪念馆
台儿庄区贺敬之文学馆	台儿庄革命烈士陵园（战史陈列馆）

★ 东营市

东营市历史博物馆	中共刘集支部旧址纪念馆
东营市垦利区博物馆（含渤海垦区革命纪念馆）	

★ 烟台市

烟台市博物馆	烟台市牟平区博物馆
烟台北极星钟表文化博物馆	烟台市蓬莱区烈士陵园管理处
莱州市博物馆	地雷战纪念馆
龙口市博物馆	栖霞市牟氏庄园管理服务中心
招远市博物馆	

★ 潍坊市

潍坊市博物馆	潍坊市革命烈士陵园管理处
潍坊市寒亭区博物馆	青州市博物馆
昌邑市博物馆	寿光市博物馆
安丘市博物馆	潍县西方侨民集中营旧址博物馆

★ 济宁市

邹城博物馆	金乡县文物保护中心
嘉祥县烈士陵园烈士纪念馆	梁山县烈士陵园管理服务中心

★ 泰安市

泰安市博物馆	泰安徂徕山抗日武装起义博物馆
中共东平县工委纪念馆	东平县博物馆
肥城市档案馆	新泰市档案馆
新泰市博物馆	

★ 威海市

中国甲午战争博物院	天福山起义纪念馆
威海市博物馆	乳山市文物保护中心

★ 日照市

日照市岚山区博物馆	日照市抗日战争纪念馆
莒州博物馆	五莲县博物馆

★ 临沂市

临沂市博物馆	山东省政府和八路军115师司令部旧址
大青山胜利突围纪念馆	华东野战军总部旧址暨新四军军部旧址纪念馆
沂水县博物馆	沂水县云头峪村《大众日报》创刊地纪念馆
沂水县中共中央山东分局旧址	沂蒙红嫂纪念馆
沂蒙革命纪念馆	莒南县博物馆
孟良崮战役纪念馆	平邑县博物馆
鲁南革命烈士陵园	

★ 德州市

德州市博物馆	冀鲁边区革命纪念馆

★ 聊城市

孔繁森同志纪念馆	聊城中国运河文化博物馆
聊城市茌平区博物馆	聊城市茌平区档案馆
东阿县文物事业发展中心	东阿县文物管理所
运东地委革命纪念馆	临清市档案馆

★ 滨州市

滨州市博物馆	邹平市文物保护中心（邹平市博物馆）
滨州市滨城区文物保护修复中心（滨州市滨城区博物馆）	
渤海革命老区纪念园	博兴县博物馆
阳信县博物馆	

★ 菏泽市

菏泽市博物馆	菏泽市烈士陵园（菏泽市抗日纪念馆）
菏泽市定陶区博物馆	菏泽市定陶区档案馆
菏泽市定陶区烈士陵园	东明县博物馆（东明县文物保护中心）
巨野县博物馆	郓城县博物馆
中国鲁锦博物馆	冀鲁豫边区革命纪念馆
单县档案馆	曹县档案馆
成武县烈士陵园	成武县档案馆
鄄城县档案馆	

山东省
革命文物
图文大系

第十卷

张小松　主编

奠基立业

社会主义革命和建设时期

科学出版社

北　京

前 言

　　中国革命的胜利冲破了帝国主义的东方战线。1949年10月1日，中华人民共和国成立。百年来英勇无畏、果敢奋进的山东人民在中国共产党的坚强领导下，觉醒起来、团结起来，用血泪、勇毅、智慧和力量绘就了波澜壮阔的历史篇章。齐鲁大地五星红旗冉冉升起，山东进入了发展进步的历史新纪元。山东党组织在党中央的坚强领导下，带领全省人民积极投身社会主义建设大潮，医治战争创伤，共赴抗美援朝，巩固新生政权。革除社会时弊，恢复和发展国民经济，进行社会主义改造，建立起比较完整的工业体系，开展大规模的基础设施建设，开展各方面社会改革和文化建设。

　　"每一种文明都延续着一个国家和民族的精神血脉，既需要薪火相传、代代守护，更需要与时俱进，勇于创新。"近代以来，山东人民在中华民族危亡之际矢志探索，艰难玉成。百年嬗变、光耀齐鲁，铸就了"党群同心，军民情深，水乳交融，生死与共"的沂蒙精神，激励着后世万千齐鲁儿女不辱使命，牢记重托，在新的历史起点上，山东人民必将继续坚定文化自信，赓续精神血脉，以守正创新的正气和锐气，在建设中华民族现代文明的道路上阔步前进。

目 录

第三章

工农并进
鼎新革弊

第四章
时政宣传
文艺新天

第一章

百废待兴
创榛辟莽

中华人民共和国成立后，山东各级党组织团结和带领全省人民，完成社会主义革命，确立社会主义基本制度，推进社会主义建设。在全省范围内进行第一次规模空前的普选工作，普遍建立和完善各级人民政权机构及其工作制度，彻底清除了旧社会的各种社会痼疾，为山东的发展进步奠定根本政治前提和制度基础。

山东省人民政府成立时的
第一面国旗

1949年10月
山东博物馆藏

这面国旗是由党旗改造制成，旗面左上方拼接缝制黄色五角星五颗，两面相对。这面国旗是1949年10月中华人民共和国成立时，山东省人民政府升起的第一面国旗。1949年3月30日，山东省政府委员会、山东省参议会驻会委员会举行联席会议。会议决定将山东省政府改称山东省人民政府。10月1日，中华人民共和国中央人民政府成立。中共中央山东分局、山东省人民政府、山东军区联名致电中央人民政府，表示全省人民将在党中央和中央人民政府的领导下，实施人民民主专政，为建设新山东而奋斗。

1949年10月2日，济南各界群众集会游行，欢庆中华人民共和国成立。

山东省人民政府铜印

1949年12月
山东博物馆藏

此枚铜印是1949年12月山东省人民政府使用的第一个铜印。印面正方，纯铜铸造，右下角有凿缺痕迹，因受行用时间影响，已做注销处理。中华人民共和国成立后，中央人民政府按计划整批铸制省级人民政府的印信。此印是中央人民政府按计划整批铸制的省级人民政府的印信之一，山东省人民政府的铜印编在第65号。

中华人民共和国开国周年纪念章

1950年
沂源县革命烈士陵园（革命历史纪念馆）藏

此纪念章质地为铜质，正面由天安门、华表、国旗等图案和"中华人民共和国开国周年纪念"文字组成。

开国纪念章是为铭记1949年10月1日这一永恒的历史瞬间，中央和地方有关部门曾制作异彩纷呈的开国纪念章。目前已发现的有几十种，形成了一个徽章专题系列。其制作方法有冲压、铸造、手工等，所用材料有铜质、银质等，造型有圆形、方形、旗形等，规格多为2—4厘米的小型章，便于佩藏。开国纪念章根据内容主要分为四个类别：中央人民政府成立纪念章、中华人民共和国开国纪念章、中华人民共和国开国盛典纪念章、中华人民共和国成立纪念章。

北海地委举行祝捷大会，庆祝长山岛解放。

中共烟台市委会、烟台市人民政府、华东警备五旅司令部联合通知

1949年12月26日
烟台市博物馆藏

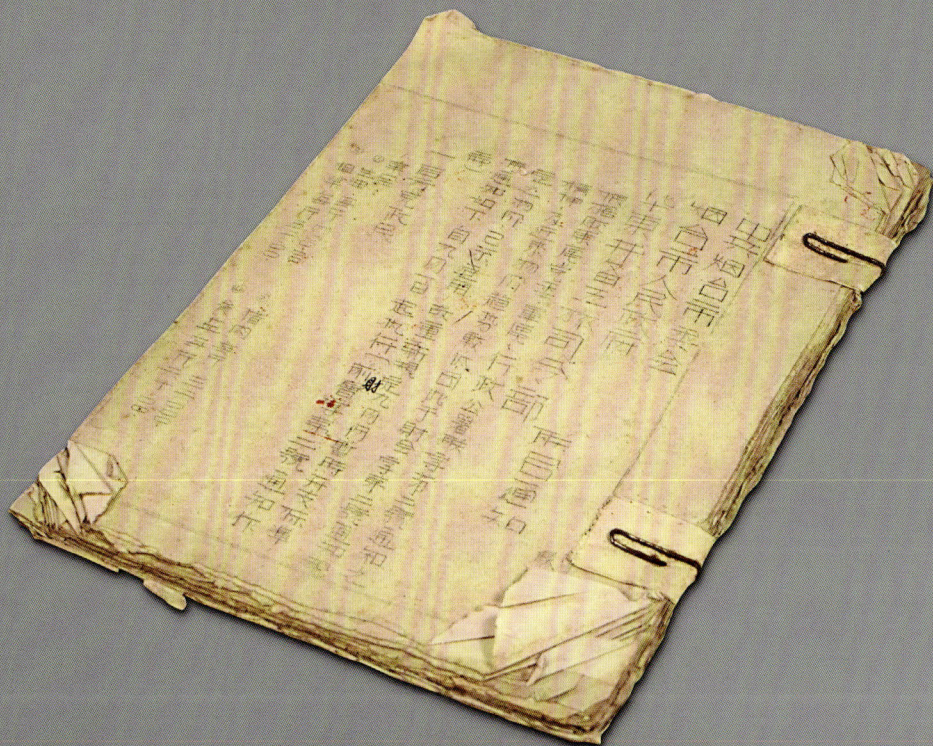

中共烟台市委会、烟台市人民政府、华东警备五旅司令部联合通知："根据胶东区党委、军区、行政公署联字第二号通知之精神，及近来物价趋势较低，因此于财会字第二号通知规定之物价，已不适用，故重新规定九月份暂时开支标准，特通知如下，自九月一日起执行"等内容。该通知反映了当时政府、军队等单位开支情况，从侧面反映了当时的社会生产、经济状况。

1949年4月，以烟台警备司令部为基础，改编东海军分区二团、烟台警备部队、胶东军区独立团，组建成中国人民解放军华东警备第五旅。1949年7月，在中华人民共和国诞生的前夜，我国北方基本解放。位于渤海海峡的长山列岛，仍在国民党残部手中。为解放山东全境，拔掉这颗位于海上交通要道的毒牙，华东军区决定组织长山岛战役。由山东省军区指挥，华东野战军二十四军七师、榴弹炮团，华东军区警备第四、五旅及临战区北海地方部队参加了解放军首次渡海登陆作战。

济南郊区农村翻身农民分地情形

《山东省土地改革具体实施办法》

1950年
淄博市博物馆藏

1979年7月，由大张公社于营大队于秀兰捐献给淄博市博物馆收藏。

1950年6月30日，党中央颁布《中华人民共和国土地改革法》，土改运动全面展开。其路线和总政策是：依靠贫农雇农，团结中农，中立富农，有步骤有分别地消灭封建制度，发展农业生产。至1952年底，土改工作基本完成，3亿无地或少地的农民分得了约7亿亩土地和其他生产资料。《山东省土地改革具体实施办法》规定："为具体执行《中华人民共和国土地改革法》《华东土地改革实施办法》的规定，在全省范围内，完成与结束土地改革，废除地主阶级封建剥削的土地所有制，实行农民的土地所有制，解放农村生产力，为发展农业生产，并为发展工业生产打下基础，特依据本省实际情况，对各种不同地区分别拟定结束土地改革与实行土地改革的具体实施办法。"

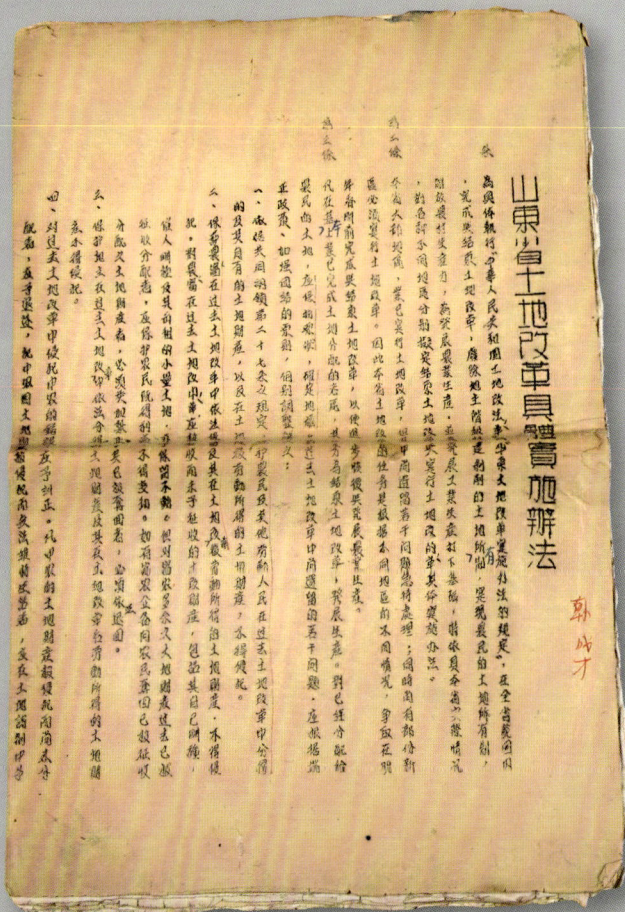

《清河地委宣传部关于执行山东分局宣传会议决议的指示》

1950年
淄博市博物馆藏

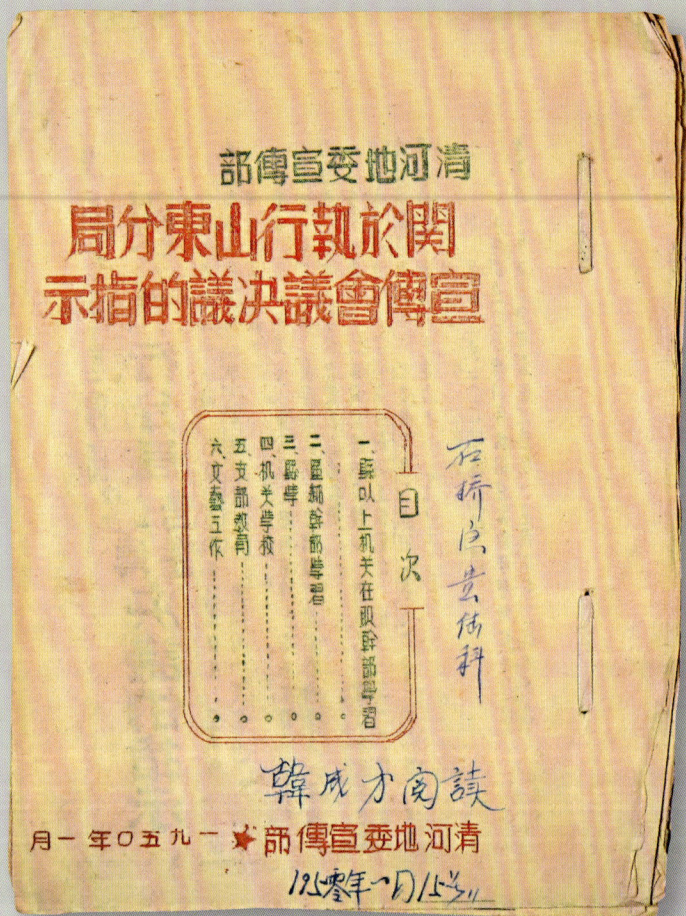

　　封面有"石桥区宣传科　韩成才阅读"等钢笔字迹。1979年7月，由大张公社于营大队于秀兰捐献给淄博市博物馆收藏。

　　1950年1月《清河地委宣传部关于执行山东分局宣传会议决议的指示》中指出，分局宣传会议的决议，各级党委务必认真研究，坚决贯彻，以提高党与人民理论政策水平与文化水平。根据我区具体情况，对今后三个月宣教工作作出指示。确立总的方针是坚持人民民主专政与团结国际友人，加强统一战线与国际主义的宣传教育，具体任务是组织县以上机关在职干部、区乡干部学习，对县学、机关学校、支部教育等工作作出指示。

中央领导视察五〇一厂用过的平盘

1958年
淄博市博物馆藏

　　瓷质。1958年中央领导来五〇一厂视察工作，这是当时使用的餐具。1979年12月，由五〇一厂捐献给淄博市博物馆收藏。

　　五〇一厂即现中国铝业山东分公司（原山东铝业公司），位于山东省淄博市张店区城南，与中华人民共和国同龄，前身是1949年成立的华东冶炼总厂，于1954年7月1日正式建成投产，之后几经易名，先后更名为山东铝厂、五〇一厂、张店铝厂，1993年改为山东铝业公司。国家"一五"时期的重点建设项目之一，800名老兵工在一片废墟上，克服环境恶劣、缺少机械装备、缺乏技术经验等种种困难，艰苦奋斗，开始了中华人民共和国第一个氧化铝厂的建设工作。经过上千次试验，1953年底全面掌握了氧化铝制造技术，是中华人民共和国第一个氧化铝生产基地，被称为"中国铝工业的摇篮"。

⚑

报道青岛国棉四厂、五厂、六厂、八厂职工惩治反革命大会的《青岛日报》

1951年
青岛市博物馆藏

两份报纸均为《青岛日报》，其中1951年6月14日报道了青岛国棉六厂、八厂职工举行控诉反革命大会，1951年6月27日报道了青岛国棉四厂、五厂数千职工举行讨论惩治反革命大会的相关内容。

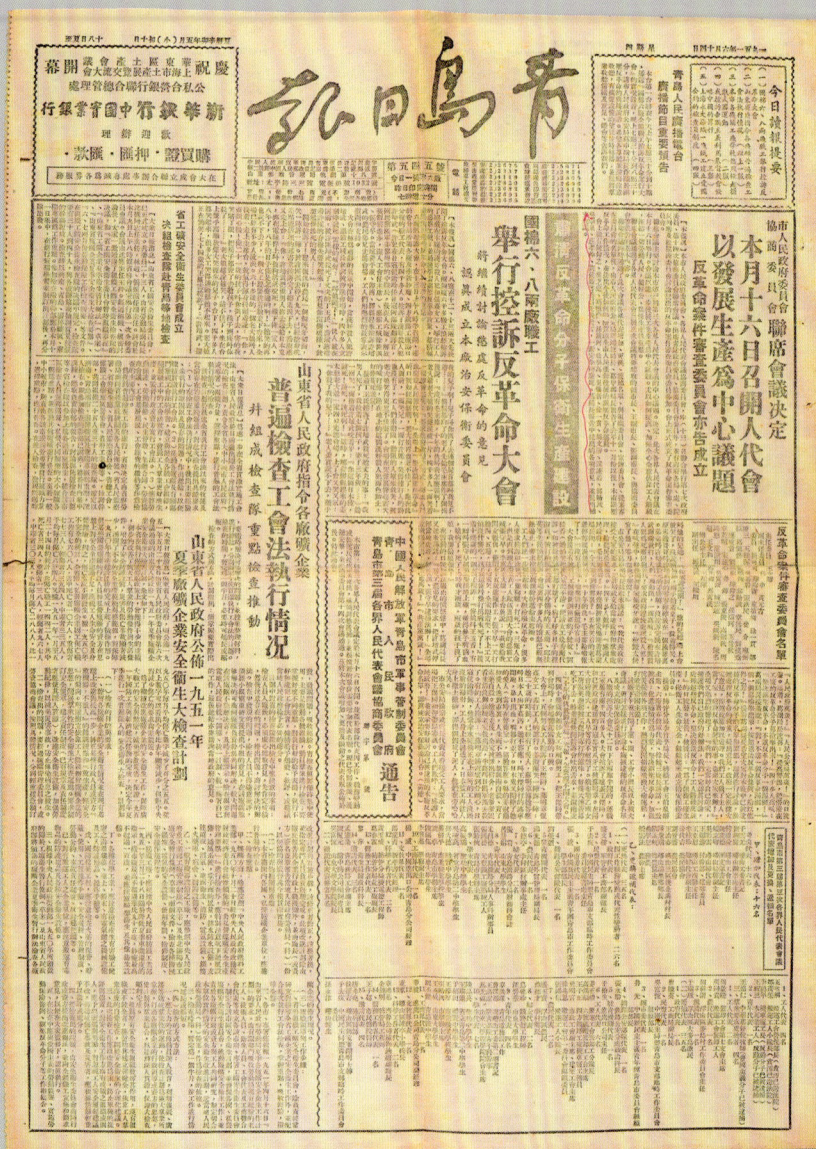

青岛解放初期，反革命残余势力趁人民政权建立伊始、百废待兴之际，相互勾结，大肆进行窃取情报、武装袭扰、杀人抢劫、造谣惑众等破坏活动。公安机关依靠广大人民群众，以"清剿武装匪特，摧毁潜伏特务组织"为重点，严厉打击反革命破坏活动。中华人民共和国成立初期，经过"镇压反革命""肃清暗藏的反革命分子"等运动，公开的反革命破坏活动明显减少。

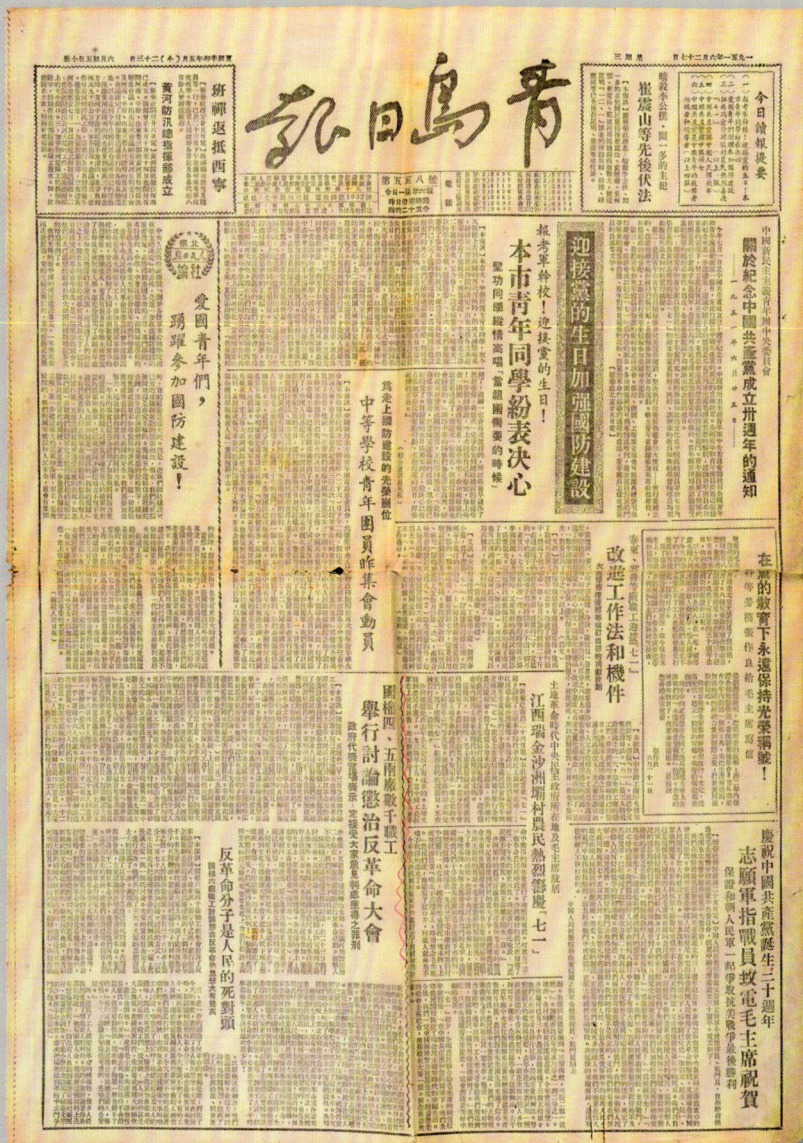

焦裕禄故居位于淄博市博山区源泉镇北崮山村，为省级文物保护单位。

焦裕禄在河南省团校进修毕业的照片

1950年
淄博市焦裕禄纪念馆藏

焦裕禄是县委书记的榜样、党员干部的楷模，也是优秀的青年团干部。自1950年起，焦裕禄先后担任过尉氏县青工委副书记、青年团尉氏县委副书记，青年团陈留地委宣传部部长，青年团郑州地委宣传部部长、第二书记。其中1950年6月至10月，焦裕禄在河南省团校进修了半年的时间。这张照片是焦裕禄在河南省团校进修的毕业照片。

焦裕禄调离团郑州地委时的留影

1953年
淄博市焦裕禄纪念馆藏

1950—1953年，焦裕禄曾三度任职青年团。1953年焦裕禄调离团郑州地委，这是当时的留影，也是他在青年团系统中最后一张珍贵的留影。

1953年国民经济第一个"五年计划"开始实施，焦裕禄作为一名优秀的青年团干部被选调到中华人民共和国工业化进程的最前沿，在共和国工业化史册上留下了光辉印迹。

焦裕禄（前排左三）

焦裕禄在兰考考察三害时用过的油纸伞

1963年
淄博市焦裕禄纪念馆藏

焦裕禄在1963年于兰考考察三害时用过的油纸伞。1962年冬天，正是兰考遭受风沙、内涝、盐碱最严重的时刻，就在这样的关口，党派焦裕禄来到兰考。焦裕禄来到兰考的第二天，就深入农村调查访问，他住进了饲养员肖位芬老人的牛棚，与他同吃同住同劳动，并向群众讨教恢复生产、战胜三害的经验。为提振全县人民抗击灾害的信心，焦裕禄将此前为阻拦群众逃荒而设立的"劝阻办公室"改为"除三害办公室"，抽调120名干部、技术员和农民组成三害调查队。其实，这时焦裕禄就已经患有慢性肝病，许多同志劝他在办公室听汇报，他却说"吃别人嚼过的馍没味道"。他要亲自掂一掂三害的分量。每当雨下得最大的时候，就是焦裕禄带领干部下乡查探洪水流向变化的时候，他往往顶风冒雨，撑着一把油纸伞站在齐腰深的洪水中，察看洪水流势，绘制出一张张水势流向图。焦裕禄身先士卒，靠着一辆自行车，两只铁脚板，经过三个多月的风里来雨里去，方圆跋涉五千余里，对全县149个生产大队中的120多个进行了走访和蹲点调研，取得了兰考三害的第一手资料，摸清了全县三害的底数。焦裕禄来到兰考后，经历了七个多月的深入调研，才出台了第一个总揽全局的重要文件《关于治沙、治水、治碱三五年的初步设想》。这把油纸伞，默默诉说着"亲民爱民、艰苦奋斗、科学求实、迎难而上、无私奉献"的焦裕禄精神，充分体现了共产党人脚踏实地、干事创业的奋斗精神和科学求实的工作态度。

焦裕禄，在任河南兰考县委书记时，身患肝癌，仍带领全县干部群众封沙、治水、改地，直至生命最后一刻。图为焦裕禄在田间劳动。

"泰安县首届第一次人民代表大会代表证"木印

20世纪50年代
泰安市博物馆藏

　　此枚木印为政府印章。1953年1月，中央人民政府委员会决定于1953年召开乡、县、省各级人民代表大会和全国人民代表大会，通过宪法，批准国家建设计划，进一步巩固民主，以便充分发挥人民群众参加国家建设的积极性。泰安县于1953年5月开始，结合发扬民主，在部分乡用直接选举方式民主普选了乡一级代表及乡政府。1954年5月至7月，全县完成乡级基层普选，均召开了首届人民代表大会。

孔繁森任阿里地委书记时写有遗嘱的笔记本

社会主义建设时期
孔繁森同志纪念馆藏

　　孔繁森去世后留下了很多的笔记本，其中的35本笔记本被评定为国家一级文物，大部分是孔繁森同志在西藏工作时使用的，记录了孔繁森同志赴藏前后写的多篇诗歌，在调研期间的部分数据，宣传党和国家政策，帮助解决教体委、卫生系统需解决的问题等，它们是孔繁森同志鞠躬尽瘁、奉献高原的见证，也是孔繁森同志不忘初心、牢记使命的真实写照。

　　孔繁森在阿里工作期间曾写下一封"不是遗书的遗书"。

孔繁森

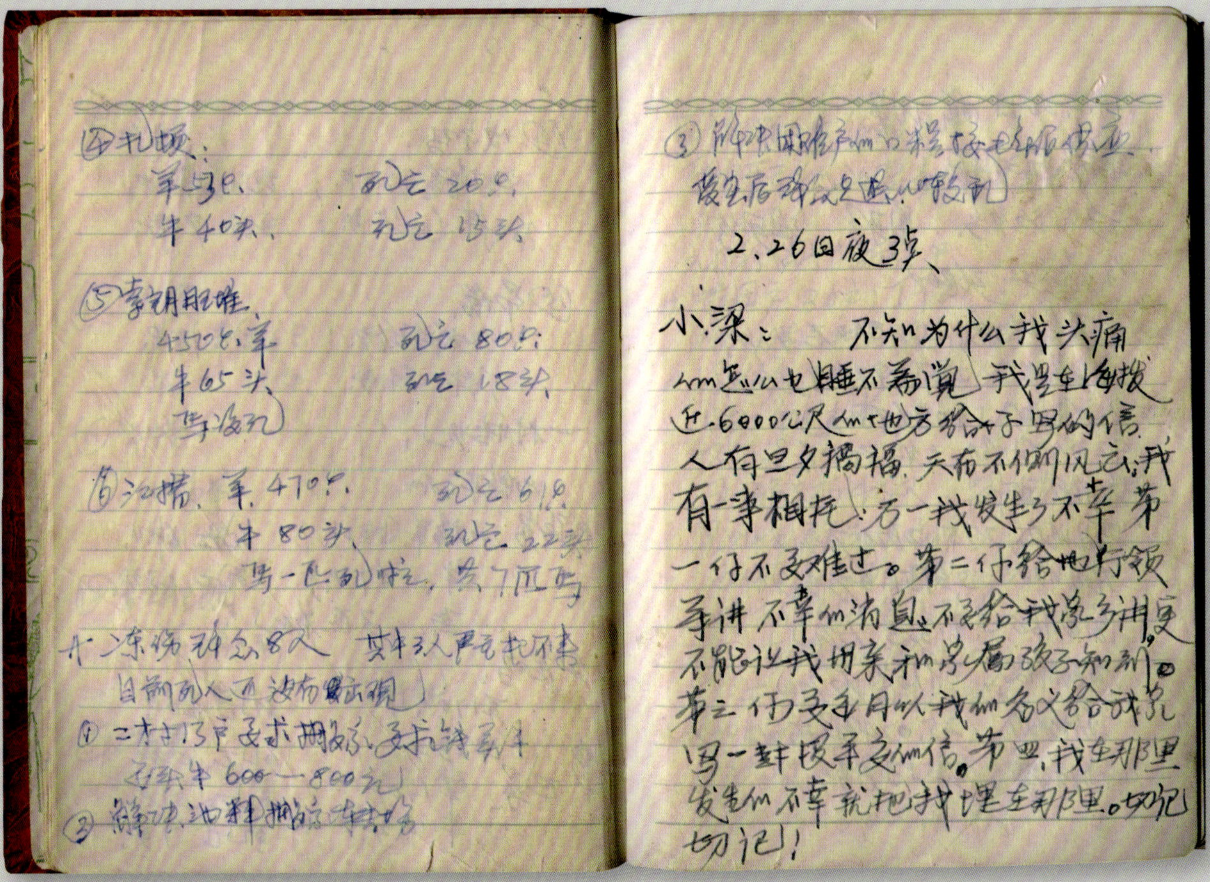

小梁：

　　不知为什么我头痛得怎么也睡不着觉，我是在海拔近6000公尺的地方给你写的信。人有旦夕祸福，天有不测风云，我有一事相托，万一我发生了不幸，第一你不要难过。第二你给地行领导讲不幸的消息，不要给我家乡讲更不能让我母亲和家属孩子知道。第三你要每月以我的名义给我家写一封报平安的信。第四我在那里发生不幸就把我埋在那里。切记切记！

第二章

南征北战
保家卫国

全面抗战时期，山东党组织建成全国唯一基本以一省区为主体的抗日民主根据地，解放战争时期，山东是人民军队北上南下的战略枢纽和主要战场。战争时期，地处华北的山东地区战略地位非常重要。中华人民共和国成立以后，山东军民同心同德，在恢复和发展国民经济的同时，加紧整军备战，三年完成镇压反革命、土地改革等运动，大力支援抗美援朝，巩固新生政权，维护国家安全。

1950年中国人民志愿军跨过鸭绿江赴朝作战

奠基立业 社会主义革命和建设时期

中华人民共和国成立后，政务院于 1950 年 9 月 25 日至 30 日在北京召开了全国战斗英雄代表会议。出席会议的代表共 350 名，其中中国人民解放军战斗英雄、工作模范代表 307 名，民兵英雄代表 43 名。还有国民党起义部队代表 64 人列席了会议。会议是在中国人民革命在全国范围取得基本胜利的形势下召开的，目的是表彰在伟大的中国革命战争中涌现出来的战斗英雄和工作模范，激励全军发扬革命英雄主义精神，继续解放国民党统治地区，肃清残匪，加强人民解放军现代化建设，巩固国防，反对美帝国主义的侵略，保卫世界和平。会上，英雄模范代表报告自己的主要事迹，互相交流战斗和工作经验。会议表彰了 33 名突出的英雄模范人物，总结了解放战争以来开展立功运动的主要经验。这次会议对于动员全军保卫和建设新生的中华人民共和国，加强人民解放军建设和民兵工作，起到了很大的推动作用。

中南军政委员会颁发的解放华中南纪念章

1950年
肥城市档案馆藏

铜质镀镍，纪念章中心为身背步枪的军人手持八一军旗，军旗上有"解放华中南纪念章"铭文，中间环以麦穗，外环齿轮，下有"1950"铭文，背面刻有"中南军政委员会颁发"字样。

渡江战役后，在中南、西南方向，国民党白崇禧、胡宗南两个军事主力集团仍负隅顽抗。遵照中共中央军委指示，1949年7月，人民解放军第四野战军发起宜沙、湘赣等战役，逼近长沙。8月4日，长沙守军起义，长沙和平解放。随后，四野兵分三路进军中南地区。西路军断敌退往云贵之路，东路军解放广州，与西路军形成合围，中路军由北向南，进攻湘南并向广西推进。1950年3月，人民解放军第四野战军所属第四十、四十三军（以挺进东北的山东军区部队为主）登陆海南岛。从1949年9月开始，到1950年5月1日海南岛解放，我军共歼敌43万，使中南大陆和除南海诸岛外的两广沿海岛屿均获解放。1950年，为祝贺中南地区解放，中南军政委员会向所有参战官兵和其他人员颁发了解放华中南纪念章。

慕思荣

1919—

　　山东荣成人。战斗英雄，1938年参加八路军，1939年加入中国共产党。1947年参加孟良崮战役，带两个班战士担负侦察任务，他们急行军120里，深入国民党军防御地域侦察敌情，为全歼国民党整编第七十四师提供了重要情报。1948年9月，济南战役前夕，率侦察分队在济南市郊反复隐蔽进击，捕获俘虏60余人，摸清了敌情。淮海战役中，率侦察营一个连执行任务，迅速查明国民党军将向徐州方向逃窜的重要情报，全连荣立集体一等功。1949年4月6日，率侦察营先遣渡江，摸清了荻港、黄公庙的国民党守军兵力配置和纵深地形、道路等重要情况，为主力部队顺利渡江作出了重要贡献。1948年3月，华东野战军授予"华东二级人民英雄"称号。1950年9月出席全国战斗英雄代表会议，评为"全国战斗英雄"。

《团以上军事机关模范工作者慕思荣同志模范材料》

1950年8月
济南市博物馆藏

　　中国人民解放军第二十七军政治部印，1950年8月30日。1975年7月28日时在山东省劳改局工作的慕思荣捐赠给济南市博物馆。

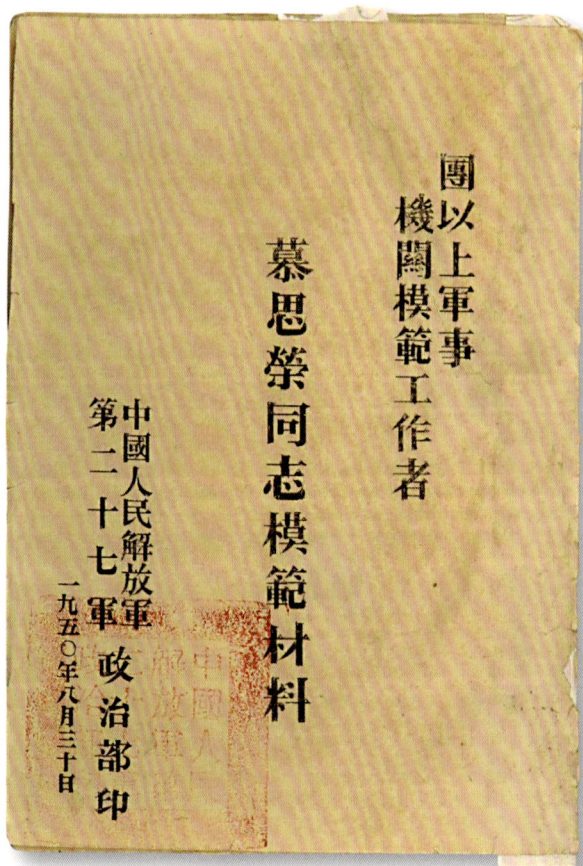

團以上軍事機關模範工作者

慕思榮同志模範材料

中國人民解放軍第二十七軍政治部印

一九五〇年八月三十日

中国人民解放军全国战斗英雄代表会议纪念章及纪念册

1950年
济南市博物馆藏

　　慕思荣出席全国战斗英雄代表会议时接受的纪念章和纪念册。中央人民政府人民革命军事委员会总政治部赠，1950年10月1日。

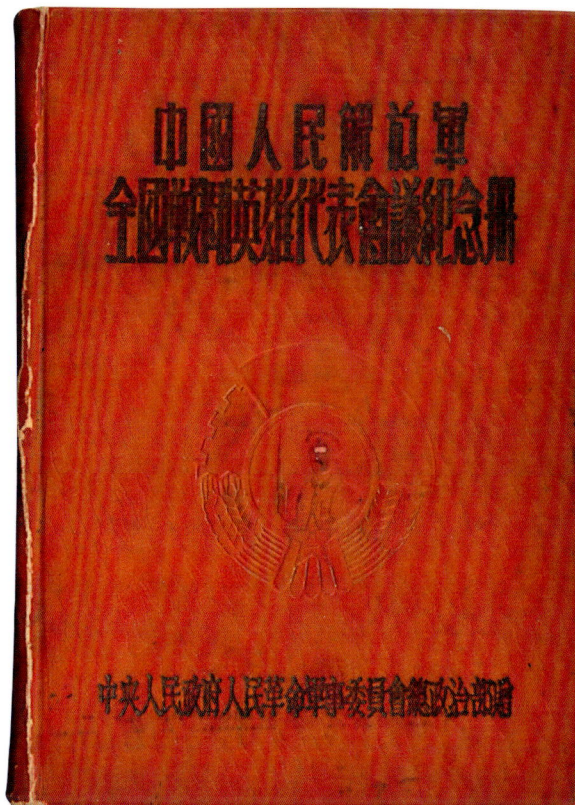

🏳 出席全国战斗英雄代表会议的
"一英四模于复祥"材料

1950年8月30日
济南市博物馆藏

　　出席全国战斗英雄代表会议的"一英四模于复祥"的材料。

　　于复祥，山东临沭县人。1944年11月参军。1945年11月加入中国共产党。解放战争时期，任东海独立大队第二连副排长，华东野战军第三纵队九师连副政治指导员、政治指导员，师政治部组织科干事，纵队组织部干事。曾被授予华东野战军乙级战斗-英雄，出席全国战斗英雄代表会议。荣立二等功两次。曾获甲等工作模范、模范党员、模范干部的称号。开封战役中，他带领一个突击班，俘虏敌1个连；济南战役中，他身负重伤仍指挥战斗，夺下敌人3座大楼，俘敌60余名。他在工作中埋头苦干，任劳任怨，用共产党员的模范行动来教育和带领同志们完成任务。在进军洛阳途中，他带领全营在冰冷的河水里，为大部队架起了一条通向胜利之桥。中华人民共和国成立后，任第三野战军第二十二军六十六师一九六团二营政治教导员，中国人民解放军空军大队政治委员，空军独立团政治处主任、副政治委员，师副政治委员、政治委员，军副政治委员。1950年出席全国战斗-英雄代表会议。1960年晋升为中校军衔。1965年首次空投原子弹的任务交给了航空兵独立某团，于复祥为该团副政委。1979年1月至1983年5月任空军第十一军副政治委员。1983年离职休养。

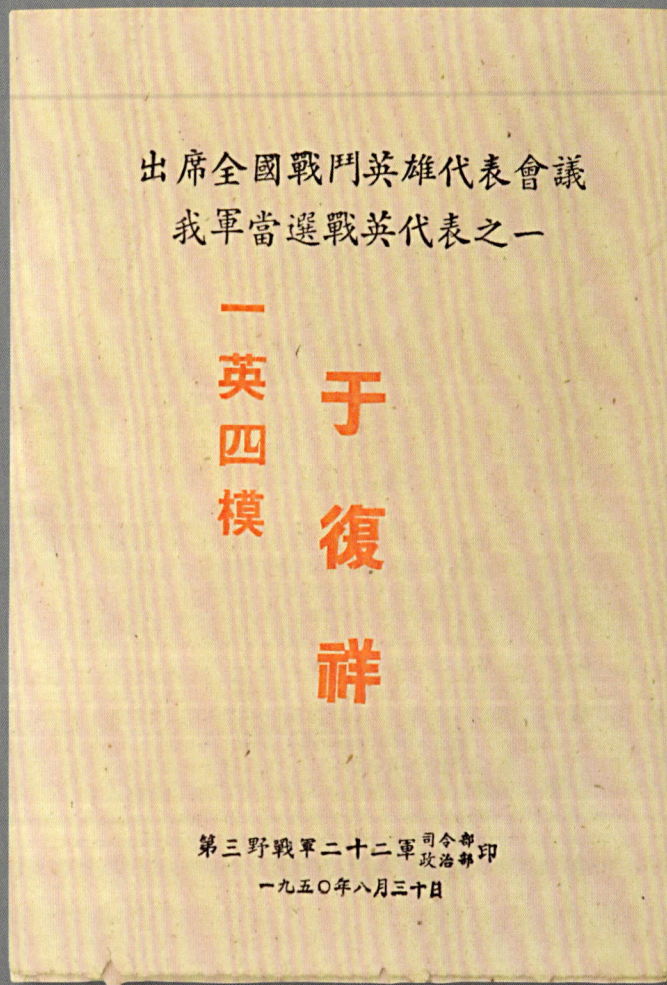

出席全國戰鬥英雄代表會議
我軍當選戰英代表之一

一英四模

于復祥

第三野戰軍二十二軍司令部政治部印
一九五〇年八月三十日

左太传

1923—

1923 年 12 月出生于山东莱芜青冶行村。1942 年加入中国共产党，任青冶行、黄庄等 15 个村的联防队长，多次利用地雷打击敌人。1946 年，鲁中区集中全区 10 支有名的爆炸队于博山县，左太传爆炸队被编为前线第一队，被鲁中区命名为"飞行爆炸队"。1947 年，为配合主力部队作战，左太传爆炸队在新泰、蒙阴、莱芜县边缘地带活动，因战绩卓著左太传受到鲁中军区通报嘉奖，荣立"第一功"。

1947 年 6 月，为掩护鲁中军区兵工厂转移，左太传爆炸队在蒙阴寨子至鲁村一带阻击敌军，首战即炸死敌人 59 人，国民党军用了 8 天时间才前进 55 里。1950 年 9 月，塔斯社记者就此役专门采访了左太传。他先后荣立特等功 2 次、一等功 4 次，被授予"飞行爆炸大王"和"特等民兵爆炸英雄"称号。1950 年 9 月出席全国战斗英雄代表会议，受到国家领导人接见。

左太传的全国战斗英雄代表会议代表证

1950年
淄博市博物馆藏

红底刻有八一军徽和"全国战斗英雄代表会议代表证 1950.9"字样，保存基本完整。沂源县南麻镇南麻一村左太传捐献给淄博市博物馆收藏。

为了表彰在中国革命战争中涌现出来的战斗英雄和工农兵工作模范，激励全军发扬革命英雄主义精神，加强人民解放军现代化建设，激励全国人民发展生产，繁荣经济，建设中华人民共和国的伟大事业，1950年7月21日，中央人民政府政务院作出召开全国战斗英雄代表会议和全国工农兵劳动模范代表会议的决定。9月25日，第一届全国战斗英雄代表会议和全国工农兵劳动模范代表会议合并在北京中南海怀仁堂隆重开幕。参加这两个会议的代表们，有来自人民解放军各部队的战斗英雄、地方的民兵英模和支前模范，也有来自工厂、矿山、农村的劳动模范。他们都是在各条战线上作出突出贡献的英雄模范。

欢送出席全国战斗英雄劳动模范代表会议代表特刊

1950年
烟台市博物馆藏

这本特刊记载了"华东部队经过一个多月的积极筹备和认真评选，基本上已完成了参加大会的准备工作。选出战斗英雄六十四名、模范工作者六名、民兵英雄九名参加全国战斗英雄代表会议，各种劳动模范八名参加全国工农兵劳动模范代表会议"。介绍了参加会议的华东部队的参会代表情况，展现了华东野战部队代表们的风采。

歡送戰英勞模代表

自中央人民政府政務院七月二十一日公佈關於召開全國戰鬥英雄代表會議和全國工農兵勞動模範代表會議的決定後，我華東部隊經過一個多月的積極籌備和認真評選，基本上已完成了參加大會的準備工作。選出戰鬥英雄六十四名、機範工作者名、民兵英雄九名參加全國戰鬥英雄代表會議，各種勞動模範八名參加全國工農兵勞動模範代表會議。這些我華東部隊和人民的光榮代表將我華東全體指戰員向毛主席、朱總司令的熱愛帶到大會上去！希望他們將我華東情況介紹給全國并帶回寶貴的指示和豐富的經驗！

這裏，再提出幾點意見和代表們共勉：

首先，要十分謙虛。這次出席全國戰鬥英雄和勞動模範代表會議，無疑是十分光榮的，但同志們必須認識，這次當選代表是有功績的，但重要的是由於黨的領導、羣衆的幫助和全體指戰員、全體人民的努力和成績，又全軍平時英雄中的一個，要虛心學習。

第二，要謙虛學習。這次參加全國戰鬥英雄和勞動模範代表大會，有來自全國各地和各兄弟部隊的英雄和模範，同時他們還帶來了各地區和部隊的共同長處和成績，我們應善於利用這次機會好好虛心學習各地區、各部隊的寶貴經驗，以便更好地完成交給我們的新的任務。我們必須認識我們僅僅是初做好這一工作。過去由於機會難得行動不便，今後更應取得首長的指示。

第三，向兄弟部隊的英雄和模範流經驗，反對狹隘驕傲的觀點。我們反對驕傲把自己一套看作是最好的，要知道，各地英雄和模範的共同長處和全體人民，「正在進行的全國範圍的偉大鬥爭」，這對「反對美國侵略，最後消滅蔣匪幫」，保衛國防，解放台灣是非常偉大的。我們預祝大會的勝利！

第四，要組織實際行動。它對「團結典交流經驗」，這激勵實際行動下去，貫徹千里，又不能看作是一個機會，過去機會難得，這次機會是非常難得的，所以這次大會的意義是非常偉大的，代表同志必須好好發揚革命英雄主義，努力工作和學習，加緊整訓，努力建軍，為反對美帝侵略，……。

代表們此去，首先必須把全國戰鬥英雄代表大會的決議和指示帶回部隊，以便在全國範圍代表同志們要把首長的指示，實激到實際行動去，以便把首長的指示，實激到實際行動去，四略，努力建軍，為反對美帝侵略，……，保衛世界和平而鬥爭！

略，努力建軍，為反對美帝侵略，……。

赵疃地雷战遗址位于海阳市行村镇赵疃村，全国重点文物保护单位。赵疃地雷战遗址是全国民兵英雄赵守福、于化虎、孙玉敏英勇杀敌的英雄土地。他们的事迹成为中华民族不畏强敌、团结抗战的光辉典范。

赵守福

1920—2001

原名赵良桂，山东海阳人。1943年9月加入中国共产党。1941年参加革命工作。抗日战争和解放战争时期，参加战斗200余次，在地雷战中创造了30多种地雷战术，依靠地雷给日、伪军以沉重打击。1943年被胶东军区授予"爆炸大王"称号。1944年被授予"胶东军区民兵英雄"称号。1948年被山东军区授予"山东民兵英雄"称号。1950年荣获"全国民兵英雄"称号。1964年，参加全省民兵大比武，受到贺龙、罗瑞卿的接见。曾先后任赵疃村党支部书记，中共海阳县委委员、烟台地委委员等职。先后当选第四、五、六届全国人大代表。

赵守福参加华东军区第一届英模代表大会纪念册

1951年
地雷战纪念馆藏

　　1951年，赵守福参加华东军区第一届英模代表大会时获赠的纪念册。

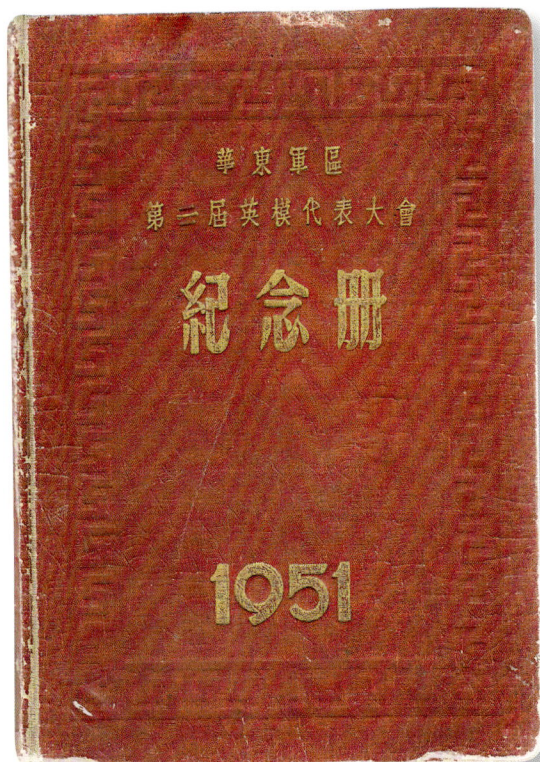

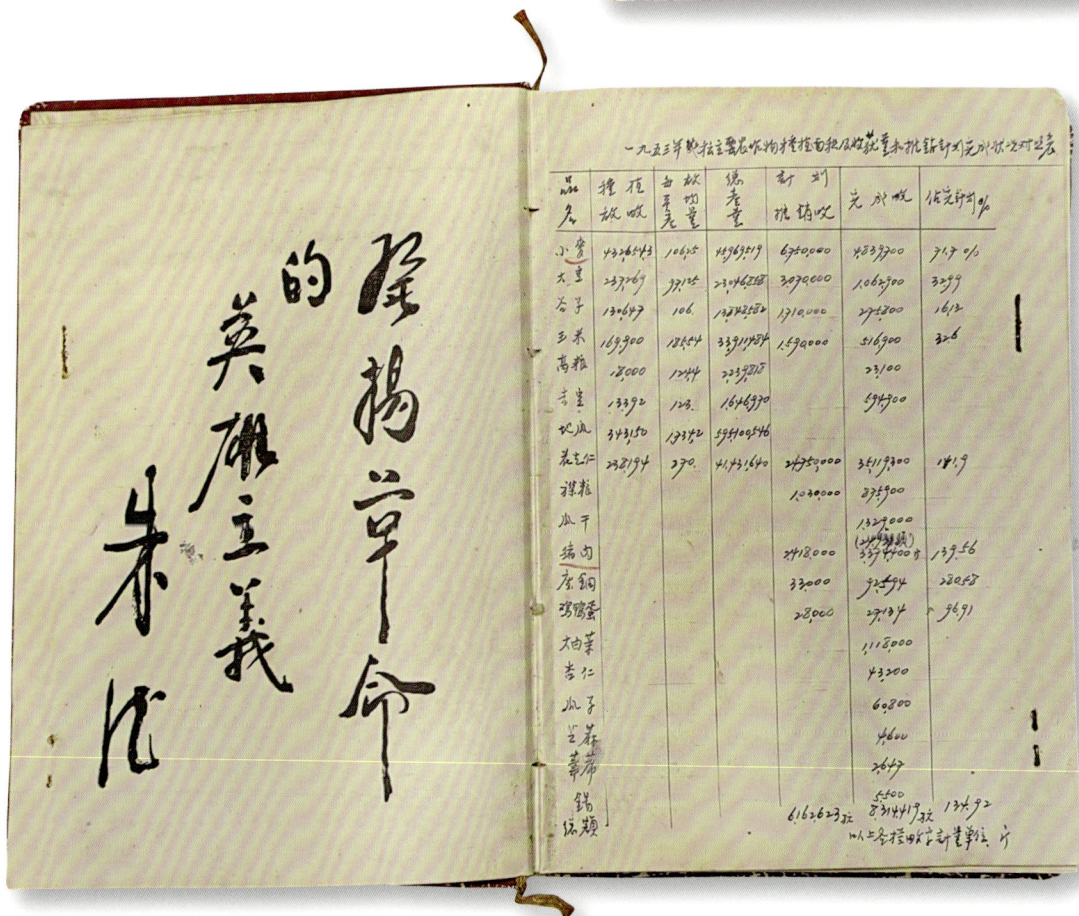

第三野战军华东军区
敬赠给陈毅的弹刀

1949年后
华东野战军总部旧址暨新四军军部旧址纪念馆藏

　　第三野战军华东军区敬赠给陈毅的工艺品。1949年初，根据中共中央军委关于统一全军编制及部队番号的命令和各野战军番号按序排列的决定，华东野战军改称第三野战军。陈毅任司令员兼政治委员，粟裕任副司令员兼第二副政治委员，谭震林任第一副政治委员，张震任参谋长，唐亮任政治部主任，钟期光任政治部副主任（后张凯），刘瑞龙任后勤司令员兼政治委员。第三野战军是人民解放军五大主力之一，解放战争时期，第三野战军在华东军区和兄弟野战军的配合下，在华东、中原、华北各级人民政府和广大人民群众的支援下，胜利地完成了保卫老解放区、创建新解放区、解放华东大陆和部分沿海岛屿的任务，共歼灭国民党武装240余万人，牺牲指战员11万余人，其中包括华中野战军第十纵队司令员谢祥军、华东野战军副参谋长张元寿等团以上干部195名，涌现出由中央军委命名的"济南第一团""济南第二团"，中共华东野战军前委命名的"洛阳营""潍县团"等英模集体和1163名战斗英雄、2.7万余名模范人物，立功者达56万余人次，为中国人民解放事业作出了重大贡献。

　　此藏品为2017年7月28日，华东野战军纪念馆开馆时陈毅女儿丛军捐赠。

革命军人家属光荣纪念证存根

1950年
菏泽市烈士陵园（菏泽市抗日纪念馆）藏

革命牺牲军人家属光荣纪念证存根，上面填写了牺牲烈士的姓名、性别、年岁、所在部队及职务、籍贯、入伍年月、牺牲日期、牺牲地点、牺牲情形、安葬地点、安葬情形、革命功绩、光荣证字号、填发日期等信息。李现坡、张保安均为中国人民志愿军第九兵团战士，在抗美援朝战争中英勇牺牲。

中国人民解放军华东军区公安司令部、政治部颁发给赵庆祥的二等功奖状

1951年7月5日
东营市垦利区博物馆（含渤海垦区革命纪念馆）藏

赵庆祥在练兵射击中所获二等功奖状，由中国人民解放军华东军区公安司令部、政治部颁发，颁发日期为1951年7月5日。

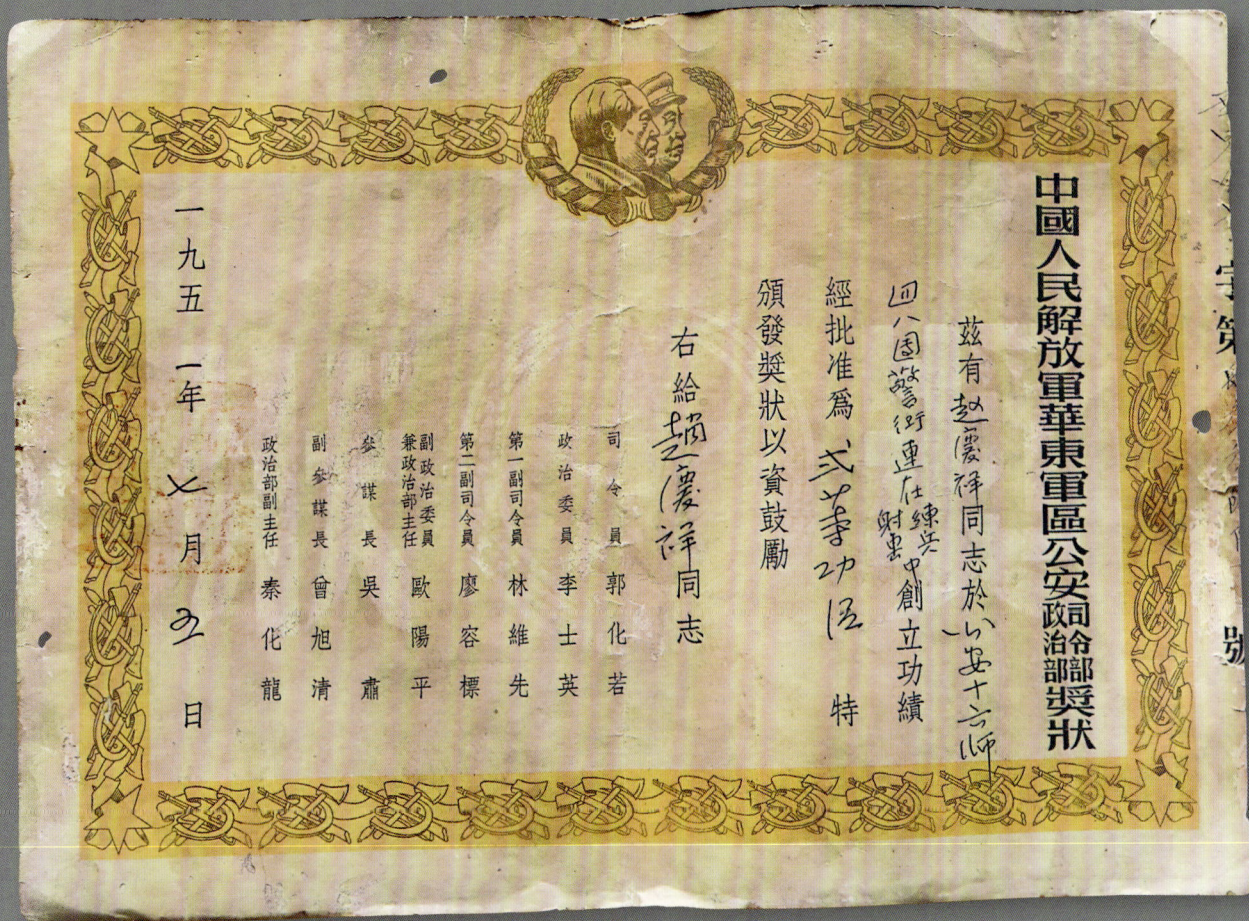

华北解放纪念铜章

1950年
枣庄市博物馆藏

　　此纪念章为两部分组成的铜质奖章。章面图为嘉禾图案簇围着一名英姿飒爽的解放军战士，持枪守卫"万里长城"和"八一军旗"，奖章下方铭刻"华北解放纪念"六字；奖章另一部分由横幅红面黄杠的绶带组成，与章面连成一体。奖章后面刻有"1950"字样。

　　1948年5月，晋察冀和晋冀鲁豫两边区合并为华北行政区，9月1日，根据中共中央决定，华北临时人民代表大会正式选举成立了华北人民政府。1949年1月，平津战役结束，华北各解放区连成一片，华北人民政府成了当时解放区最大的地区人民政府，辖河北、山西、察哈尔、绥远、平原等5个省及北平、天津两市，共26个专区，334个县市。中华人民共和国成立后，华北人民政府和华北军区为表彰华北区参战人员和纪念华北解放，经报请中央人民军事委员会总政治部批准，决定颁发华北解放纪念章。

张炳臣的革命军人家属证明书

1950年
菏泽市烈士陵园（菏泽市抗日纪念馆）藏

　　张炳臣革命军人家属证明书由华北菏泽军分区政治部于1950年1月签发，是部队寄往革命军人家里的凭证。革命军人家持凭证明书，在所在地的政府进行登记，便可享受政府对军人家属的优待和照顾。说明了中国共产党不断探索完善军人抚恤优待及退役安置政策，努力保障革命军人及其家庭在服役及退役后的生活安排。

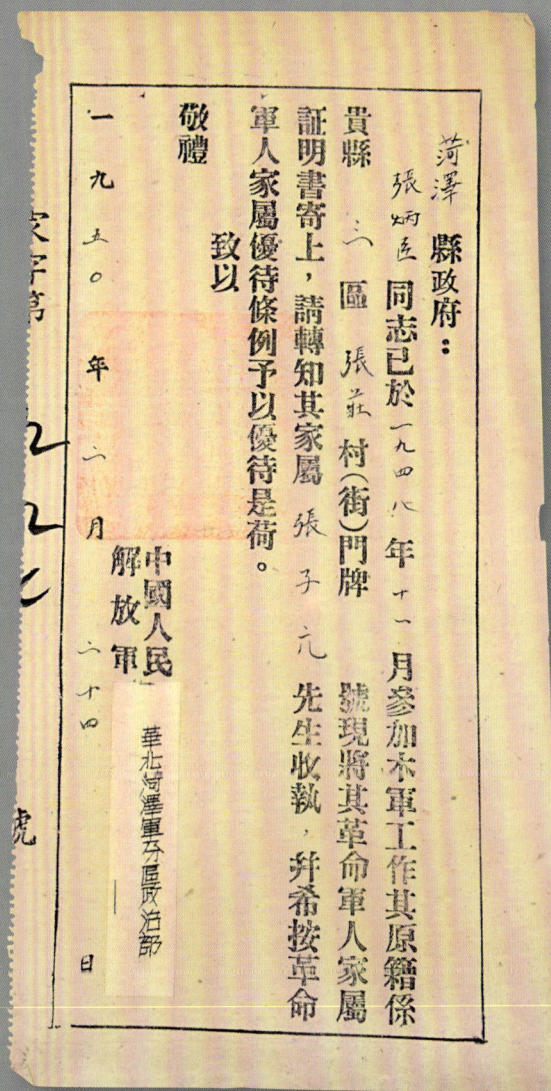

解放西藏纪念章

1952年
淄博市博物馆藏

　　铜质。正面汉藏双文字"解放西藏纪念"，背面"西南军区颁发 1952.8.1"，保存基本完整。淄博市临淄区皇城公社马代大队王寿堂捐献给淄博市博物馆收藏。

　　1951年10月，人民解放军第二野战军所属第十八军部队（一部由八路军山东纵队第六支队沿革发展而成）进驻拉萨，将五星红旗插上世界屋脊。1952年8月1日建军节之际，西南军区向进藏部队和参加昌都战役的解放军官兵及其他人员颁发了解放西藏纪念章。材质为铜质，为机压成型，制作精湛，图案设计精巧，纪念章主图上一面红旗插在西藏地域的中国版图上，正中是代表党的五角星，红旗中是毛主席头像，稻穗与红旗相接，组成一个形似国徽的图案造型。西藏的和平解放，维护了祖国统一，巩固了国防。

南京市中级人民法院给中共广饶县委开具的李耘生烈士的证明材料

社会主义建设时期
东营市历史博物馆藏

1981年江苏省南京市中级人民法院为中共广饶县委开具的李耘生烈士证明。李耘生（1905—1932），原名李殿龙，字云生，山东广饶人。中共南京特委书记，革命烈士。1920年，李耘生考入青州山东省立第十中学。其间，参加反日爱国游行示威和盘查日货等活动。曾任中国社会主义青年团济南地方执行委员会委员、组织部主任。1932年6月8日，李耘生被国民党反动当局押往南京雨花台刑场杀害。

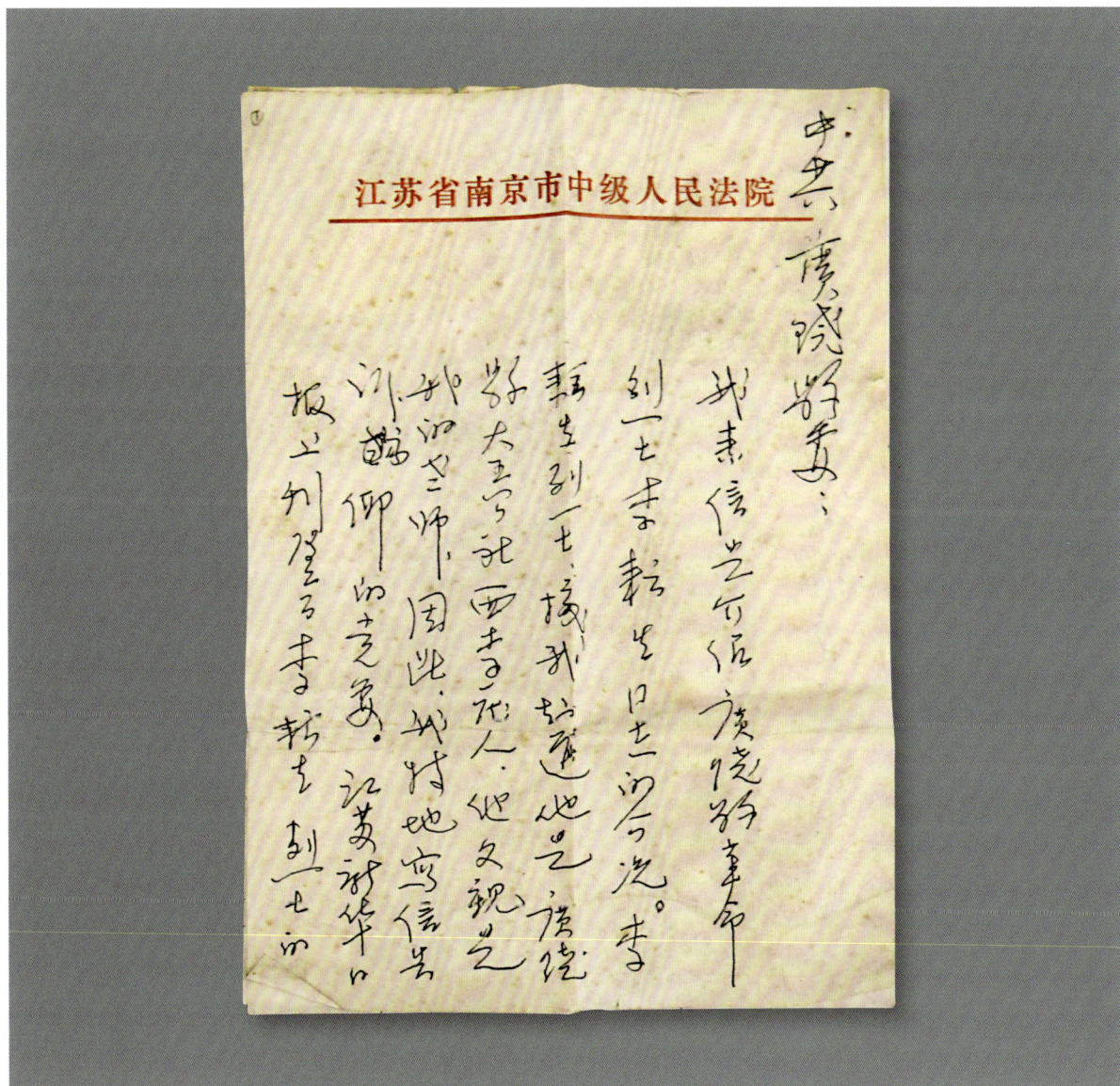

山东军区司令部发给邱文珍的军官身份证

1953年
青岛市博物馆藏

　　胶东警卫团训练一团三营十一连副连长邱文珍的军官身份证，发证机关为山东军区司令部。该证右侧写明军官证的使用范围与注意事项。

　　胶东军区是原山东军区第五旅机关与胶东军区机关合编的新的胶东军区。司令员许世友，政治委员林浩，副司令员吴克华、袁仲贤，参谋长袁仲贤（兼），政治部主任彭嘉庆，政治部副主任欧阳文。先后辖5个军分区、1个海军支队和6个团。警备团政治委员王云九，参谋长徐延安。

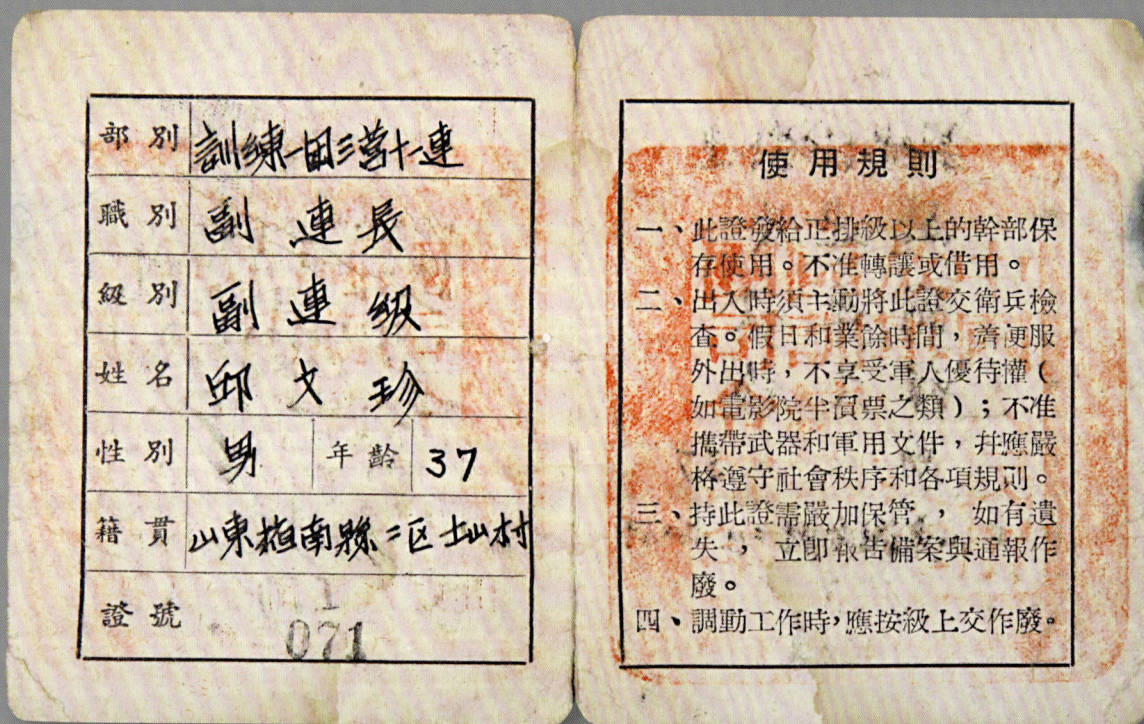

台儿庄褚楼村全体村民为运河支队副营长褚思惠烈士的题词挽联

1953年
台儿庄革命烈士陵园（战史陈列馆）藏

1953年4月4日，褚楼村全体村民为褚思惠烈士敬献的挽联。

褚思惠，山东台儿庄人。台儿庄战役后，鲁南地区相继沦陷。褚思惠基于民族义愤，遂动员哥哥、侄子联合本族及乡里贫苦民众，组织起一支40多人的抗日武装，1939年被编入八路军运河支队第二大队，褚思惠被任命为第二大队第七中队队长。1941年5月，他带队突然袭击伪军大队部，活捉叛徒伪大队副耿序堂。随后任峄山支队独立团营长。1942年1月24日，褚思惠带领20名富有夜袭实战经验的战士，夜袭台儿庄车站，打死日军伍长清水和车站站长，俘虏副站长和伪军20多人，完成夜袭任务。同年5月，任运河支队第一大队队长。1944年冬，为拔掉铜山境内的扒头山伪据点，打通邳县、宿羊山地区通往邳、睢、铜地区的交通，褚思惠担任攻坚任务。1945年2月12日夜，他率领子、侄及突击队勇猛冲杀。伪军最后固守一座炮楼，负隅顽抗。当他指挥围歼炮楼敌人时，不幸身中数弹，壮烈殉国，时年49岁。

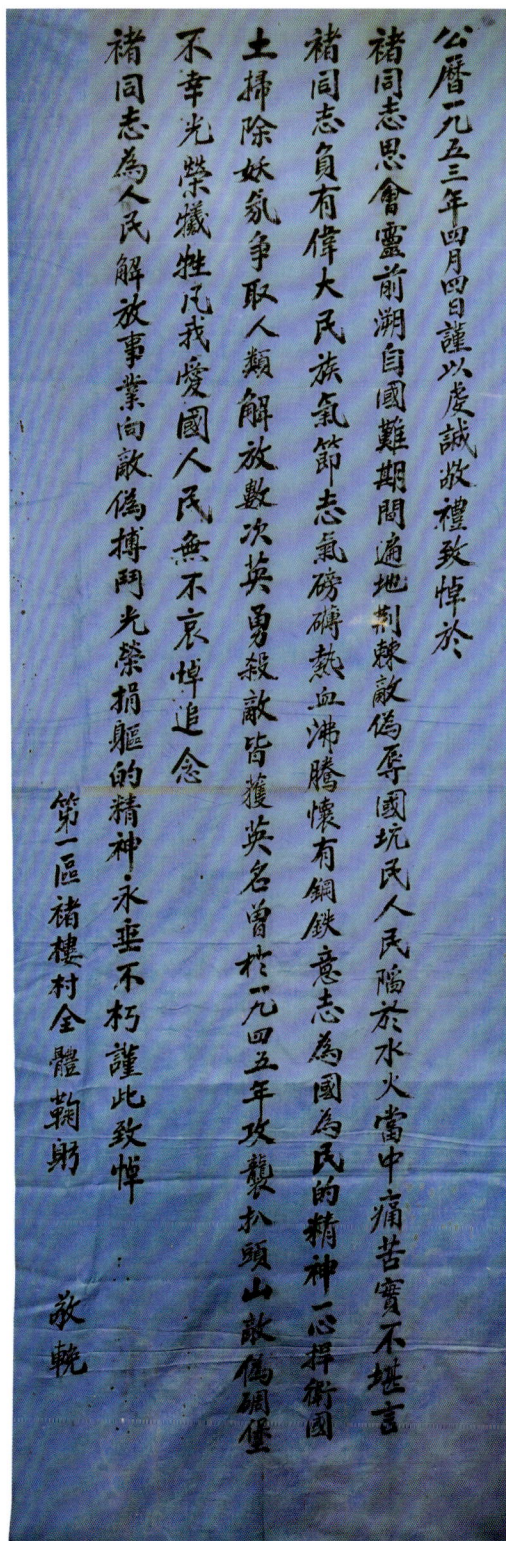

公曆一九五三年四月四日謹以虔誠敬禮致悼於

褚同志思會靈前溯自國難期間遍地荊棘敵偽辱國坑民人民隔於水火當中痛苦實不堪言

褚同志負有偉大民族氣節志氣磅礴熱血沸騰懷有鋼鐵意志為國為民的精神心耿衛國

土掃除妖氛爭取人類解放數次英勇殺敵皆獲英名曾於一九四五年攻襲扒頭山敵偽碉堡

不幸光榮犧牲況我愛國人民無不哀悼追念

褚同志為人民解放事業向敵偽搏鬥光榮捐軀的精神·永垂不朽謹此致悼

第一區褚樓村全體鞠躬

敬輓

阳信烈士谱

20世纪中期
阳信县博物馆藏

　　阳信烈士谱，手工写于白布，图案庄重大方，字体规整端庄。正幅烈士谱上面画有青松，中间是纪念碑式样，题有"人民英雄永垂不朽"字样，两旁详细记载了29名革命烈士的姓名、性别、出生日期、职务、入伍时间、牺牲时间地点。烈士多是阳信县温店镇人士，在解放战争和抗美援朝时期牺牲。

姓名	性别	出生	职务	参加	牺牲
孙吉信	男	一九二〇年誕生	班长	一九四四年八伍	一九四八年在钱县牺牲
齐长山	男	一九〇七年誕生	农会主任	一九四五年八伍	一九四六年在温泉家牺牲
魏丙仁	男	一九一六年誕生	民兵队长	一九四五年八伍	一九四六年在温泉家牺牲
夏德业	男	一八九九年誕生	农会主任	一九四五年八伍	一九四六年在二陈庄牺牲
温忠会	男	一八九九年誕生	队长	一九四五年八伍	一九四五年在温泉家牺牲
齐长胜	男	一九一五年誕生	民兵	一九四五年八伍	一九四五年在温店牺牲
夏子荣	男	一九一七年誕生	民兵	一九四五年八伍	一九四五年在温家牺牲
温玉凤	男	一九〇四年誕生	民兵	一九四五年八伍	一九四五年在温店牺牲
温山	男			一九四五年八伍	一九四五年在温店牺牲
温春林	男	一九〇七年誕生	民兵	一九四五年八伍	一九四五年在温店牺牲
温成亨	男	一九一四年誕生	民兵	一九四五年八伍	一九四五年在温店牺牲
温有鸣	男	一九一三年誕生	民兵	一九四五年八伍	一九四五年在温店牺牲
杨吉森	男	一九一八年誕生	民兵	一九四五年八伍	一九四五年在温店牺牲
温成杰	男	一九二一年誕生	民兵	一九四五年八伍	一九四五年在温店牺牲
温兆银	男	一九二二年誕生	民兵	一九四五年八伍	一九四五年在温店牺牲
温成盛	男	一九一〇年誕生	区长	一九四五年八伍	一九四五年在温家牺牲

赵忠文的华东军区公安部队第三届
英模大会纪念章

1953年
淄博市博物馆藏

1953年华东军区公安部队第三届英模大会纪念章，铜质，正面为八菱形，背景为彩绘红旗、军舰等图案，中央刻有手持钢枪的战士上半身像，底部有"华东军区公安部队第三届英模大会纪念章"字样，背面刻有时间"1953.6.20"和编号"396"。1979年淄博市张店区湖田公社文化站征集，北焦宋大队赵忠文捐献给淄博市博物馆收藏。

赵忠文1945年参加胶济大队，1947年转至渤海十四团，1952年至福建公安部队。1953年，赵忠文参加中国人民解放军华东军区公安部队第三届英模大会，陈毅亲自给赵忠文佩戴纪念章。

全国人民慰问人民解放军代表团纪念章

1954年
淄博市博物馆藏

此章保存完好，材质为银、铜、珐琅。章体为三片式结构，最上层为圆形铜币，铜币内部为红色五角星，五角星中间为金色天安门，下方为交叉的橄榄枝与冲锋枪。中、下两层为叠加交错五角星金属片（也称英雄花），中间为银色，下层为金色，金属片表面为自中心向边缘发射的条纹，类似光芒。纪念章背面中心可见固定三片章体的螺帽，背面刻有两行铭文，第一行是"全国人民慰问人民解放军代表团赠"，第二行为"1954.2.17"。纪念章

的上部悬挂为两片长方形铜框，铜框中间由绶带连接，其中下片下方突出由铜环连接章体，上片背部为别针，绶带为红底，中间一金色绳纹横条。

1953年朝鲜战争停战，志愿军凯旋，分期分批地撤出朝鲜回到祖国。1954年2月5日，中国人民政治协商会议全国委员会常委会和中国人民抗美援朝总会常委会举行联席扩大会议，会议决定组织全国人民慰问人民解放军代表团。慰问团成员包括各民主党派、人民团体、各民族、各阶级人士，以及革命烈士与革命军人家属、劳动模范、模范复员转业军人和残疾军人等，他们奔赴全国各地慰问人民解放军，深入到边疆、海岛及青藏高原，向部队传达了党、政府和全国人民对解放军的关怀。

中国人民解放军华东新兴训练第三团政治处发给陈培基家乡的公函

1949年10月
菏泽市烈士陵园（菏泽市抗日纪念馆）藏

1949年10月3日，由中国人民解放军华东新兴训练第三团政治处发出的公函。内容如下："兹有本部副排长陈培基同志，系平原省菏泽市青海村人，家中只有老母亲一人，经常闹病，并无地耕种，无有任何收入，致使家中生活极其困难……请贵政府设法给予救济是荷。"

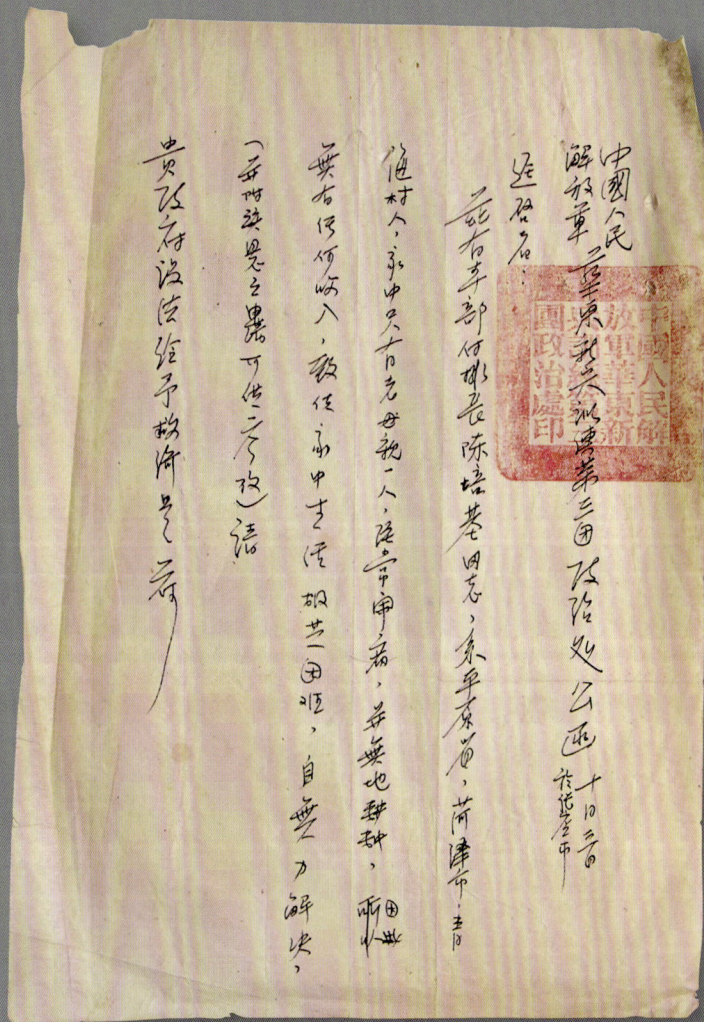

马拴成的革命烈士证明书

1952年
菏泽市烈士陵园（菏泽市抗日纪念馆）藏

马拴成的革命烈士证明书。马拴成，定陶县八区安临村人，于1949年9月参军，在二十八军司令部招待所任炊事员。该证明书由中国人民解放军某部队于1952年5月12日签发，请定陶县人民政府转交其亲属，并按《革命烈士家属革命军人家属优待暂行条例》对其家属给予优待。

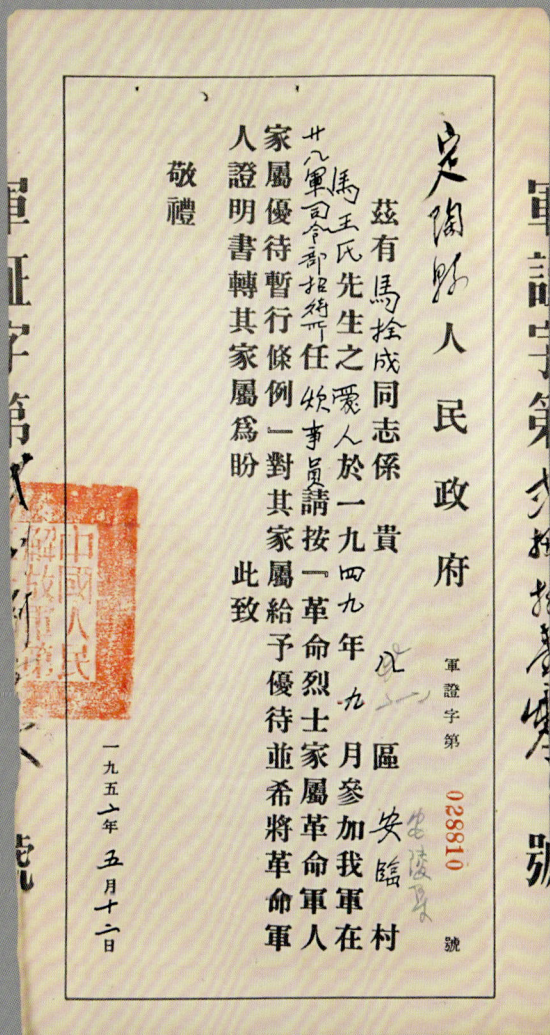

山东省转业建设委员会兖州接待站等站
签发的回乡转业军人介绍信

1954年
菏泽市烈士陵园（菏泽市抗日纪念馆）藏

1954年山东省转业建设委员会兖州接待站等站签发给菏泽转业建设委员会的回乡转业军人介绍信，分别介绍邱光山、陈高起、晁岱起、李忠年、李敢山回乡转业，希望菏泽转业建设委员会妥善安置。信中标注了每人应领的路费、伙食费、火车费、汽车费等信息，其中路费已经由各接待站发放完毕。中间盖有山东省人民政府菏泽区专员公署财政科红色审讫印章，边缘盖有接待站红色印章。这些介绍信，体现了当时国家和政府保障安置转业军人的积极举措。

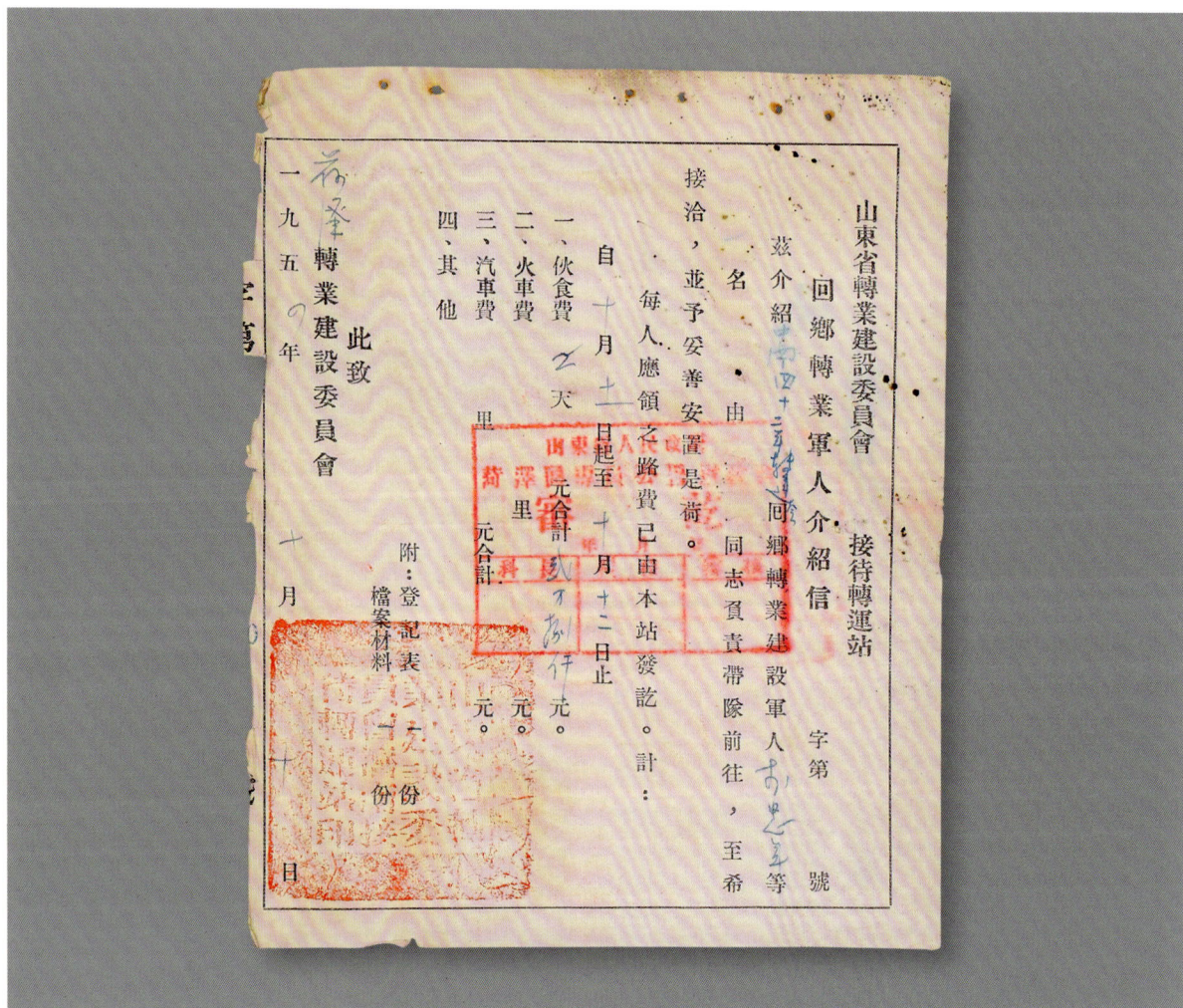

一

山東省轉業建設委員會
接待轉運站
回鄉轉業軍人介紹信

茲介紹 東利村 等
　名
由 同鄉轉業建設軍人 邱克山 等
同志貟責帶隊前往，至希
接洽，並予妥善安置是荷。
每人應領之路費已由本站發訖。計：
一、伙食費 一天 　元
二、火車費 　里 　元
三、汽車費 　里 　元
四、其他 　元 合計 　元
此致
　轉業建設委員會
一九五四年 十 月 日
附：登記表 一份
　　檔案材料 一份
　字第 15 號
（自10月4日起至10月 日止）

二

山東省轉業建設委員會
接待轉運站
回鄉轉業軍人介紹信

茲介紹 李貴西 等
　名
由 同鄉轉業建設軍人 李貴西 等
同志貟責帶隊前往，至希
接洽，並予妥善安置是荷。
每人應領之路費已由本站發訖。計：
一、伙食費 一天 　元
二、火車費 　里 　元
三、汽車費 　里 　元
四、其他 　元 合計 　元
此致
　轉業建設委員會
一九五四年 月 日
附：登記表 份
　　檔案材料 份
　字第 91 號
（自10月23日起至10月 日止）

三

山東省轉業建設委員會
接待轉運站
回鄉轉業軍人介紹信

茲介紹 李連生 等
　名
由 同鄉轉業建設軍人 張樹超 等
同志貟責帶隊前往，至希
接洽，並予妥善安置是荷。
每人應領之路費已由本站發訖。計：
一、伙食費 一天 　元
二、火車費 　里 　元
三、汽車費 　里 　元
四、其他 　元 合計 四〇四〇元
此致
　轉業建設委員會
一九五四年 十 月 日
附：登記表 份
　　檔案材料 份
　字第 83 號
（自 月 日起至4月 日止）

四

山東省轉業建設委員會
接待轉運站
回鄉轉業軍人介紹信

茲介紹 李玉寬 等
　名
由 同鄉轉業建設軍人 　 等
同志貟責帶隊前往，至希
接洽，並予妥善安置是荷。
每人應領之路費已由本站發訖。計：
一、伙食費 一天 　元
二、火車費 　里 　元
三、汽車費 　里 　元
四、其他 　元 合計 　元
此致
　轉業建設委員會
一九五四年 月 日
附：登記表 份
　　檔案材料 份
　字第 38 號
（自9月29日起至9月 日止）

于得水

1906—1967

原名于作海，山东文登人。历任中共文登武装小组组长、"一一·四"暴动东路第三大队大队长、昆嵛山红军游击队队长、山东人民抗日救国军第三军第一大队大队长、八路军山东纵队第五旅第十四团副团长、东海行署专员兼文西行署主任、胶东军区东海军分区司令员兼烟台警备区司令员、胶东军区武装部第一副部长、浙江省军区第六军分区司令员、浙江省军区后勤部副部长等职。1955年，被授予大校军衔，授予二级八一勋章、二级独立自由勋章、二级解放勋章。

于得水的中华人民共和国二级八一勋章、二级独立自由勋章、二级解放勋章

1955年
天福山起义纪念馆藏

二级八一勋章是中华人民共和国主席1955年授予中国人民解放军中国工农红军时期的团、营级干部的勋章；独立自由勋章是中华人民共和国主席授予中国人民解放军在抗日战争时期的旅、团级和相当的干部的勋章；二级解放勋章是中华人民共和国主席授予中国人民解放军在解放战争时期的师级及其相当干部的勋章。这三枚勋章均为于得水所获得。

赵德和

山东东阿人，13岁参加革命队伍，在部队忠心为党工作，多次立功受奖。1950年，美帝国主义发动了朝鲜战争，赵德和积极报名和战友们一起奔赴了朝鲜前线。在战场上，他们和朝鲜人民军并肩作战，立下功勋。特别是在迫使"联合国军"停战谈判决定性的战斗中，组织十八勇士攻克甲利山主峰，消灭了美精锐二十师和二十四师，荣立十八勇士集体功。赵德和荣立三等功。

赵德和的中国人民解放军速成小学毕业证书

1955年
东阿县文物管理所藏

在1975年革命文物征集活动中赵德和捐献。赵德和1939年参加革命，14岁在一二九师骑兵团特务大队任通讯员，历任警卫员、侦察员、外勤干事、师警卫连指导员、营副教导员等职，参加多次重大战役，数次立功受奖。任警卫员时，舍生忘死，保护首长安全，曾几次受伤。

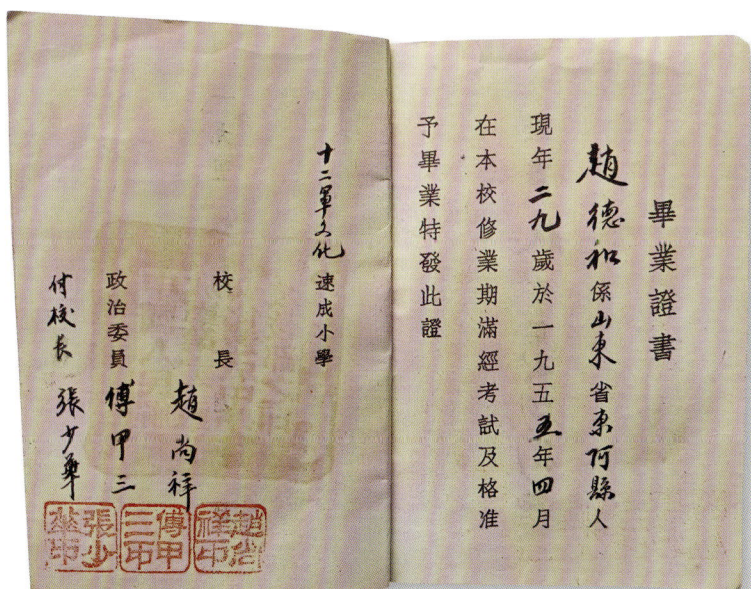

赵德和收藏的中国人民志愿军第三十五师司令部贺卡

1953年
东阿县文物事业发展中心藏

1953年元旦时中国人民志愿军第三十五师司令部给在朝鲜前线奋战的警卫连的贺卡，赵德和收藏。1975年捐赠。

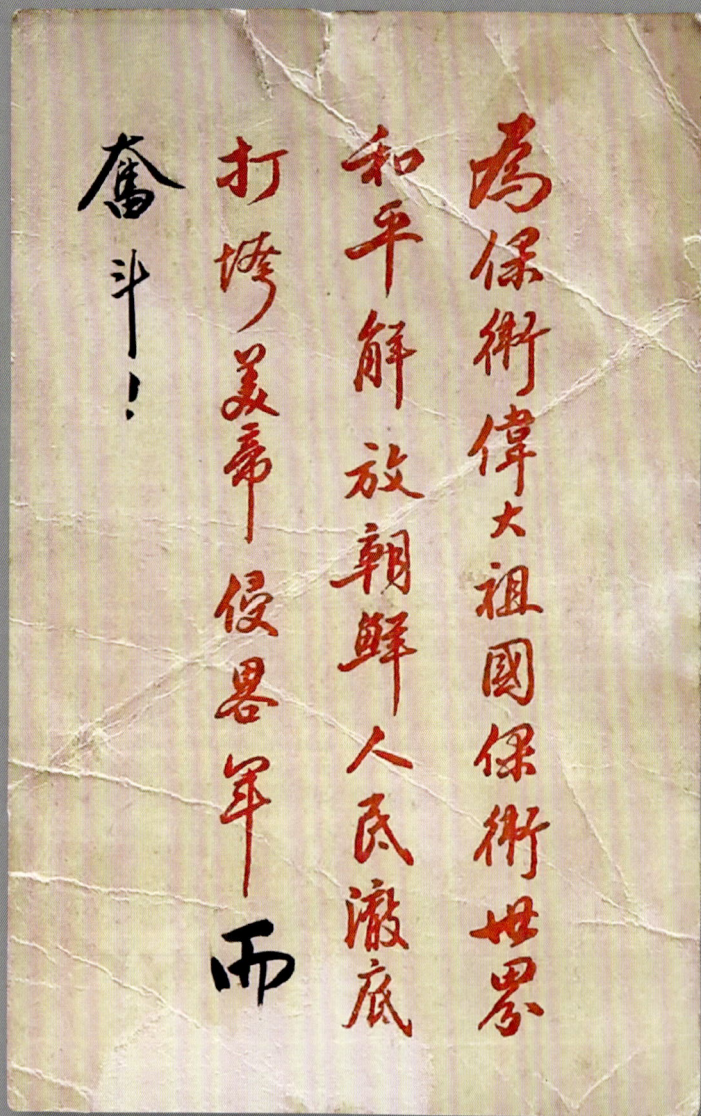

为保卫伟大祖国保卫世界
和平解放朝鲜人民澈底
打垮美帝侵畧而
奋斗！

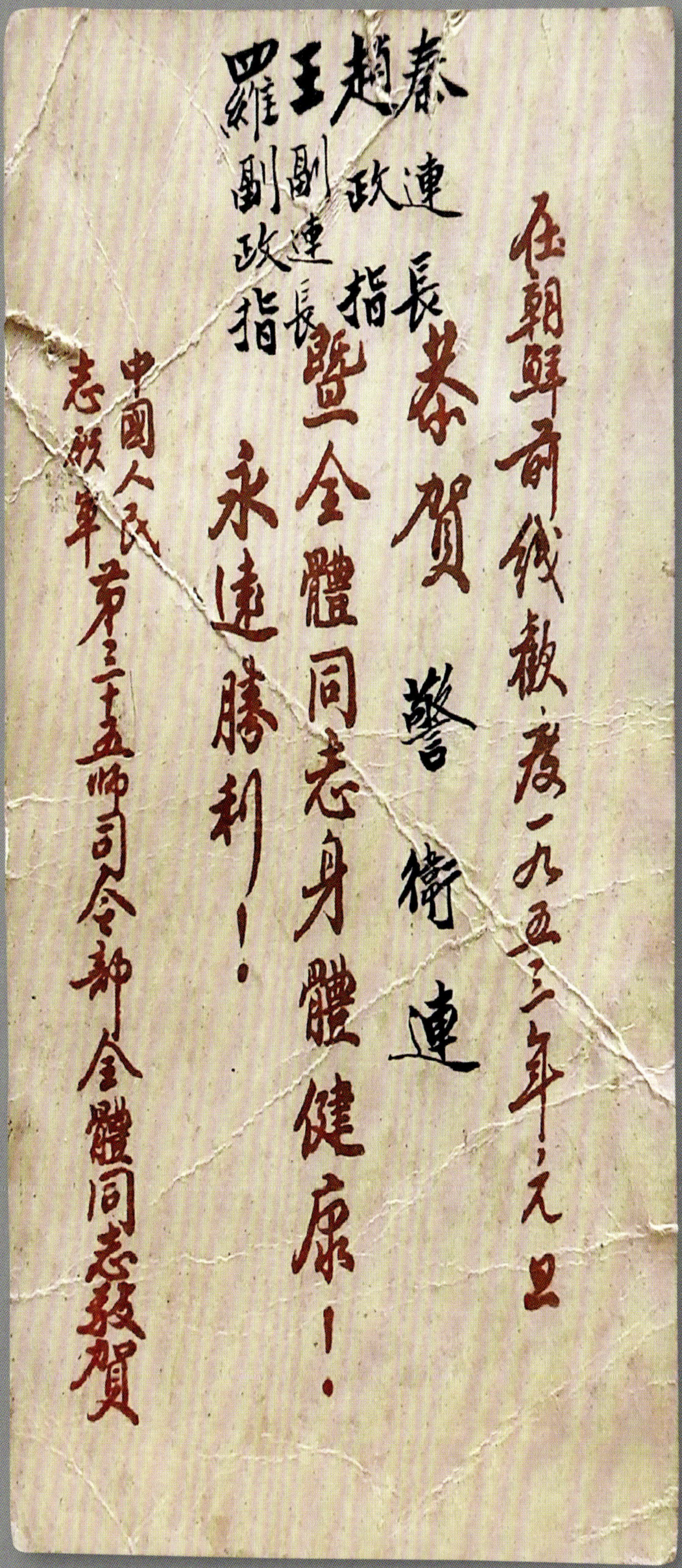
秦連長
趙政指
王副連長
羅副政指

在朝鲜前线欢度一九五三年元旦

恭賀警衛連
暨全體同志身體健康！
永遠勝利！

中國人民志願軍第三十五师司令部全體同志敬賀

赵德和妻子杨玉的中国人民解放军 0055部队出入通行证

1956年
东阿县文物事业发展中心藏

在1975年革命文物征集活动中赵德和捐献，是赵德和妻子杨玉去0055部队探亲时使用的。通行证左侧印有使用规则，该证发给部队招请的职工、保姆及随队家属使用。右侧贴有使用人照片，表格中填有服务单位、职务、姓名、性别、出生日期、籍贯、家庭成分等信息。发证日期1956年7月10日，填发单位是一排八班，签发人郑琦。

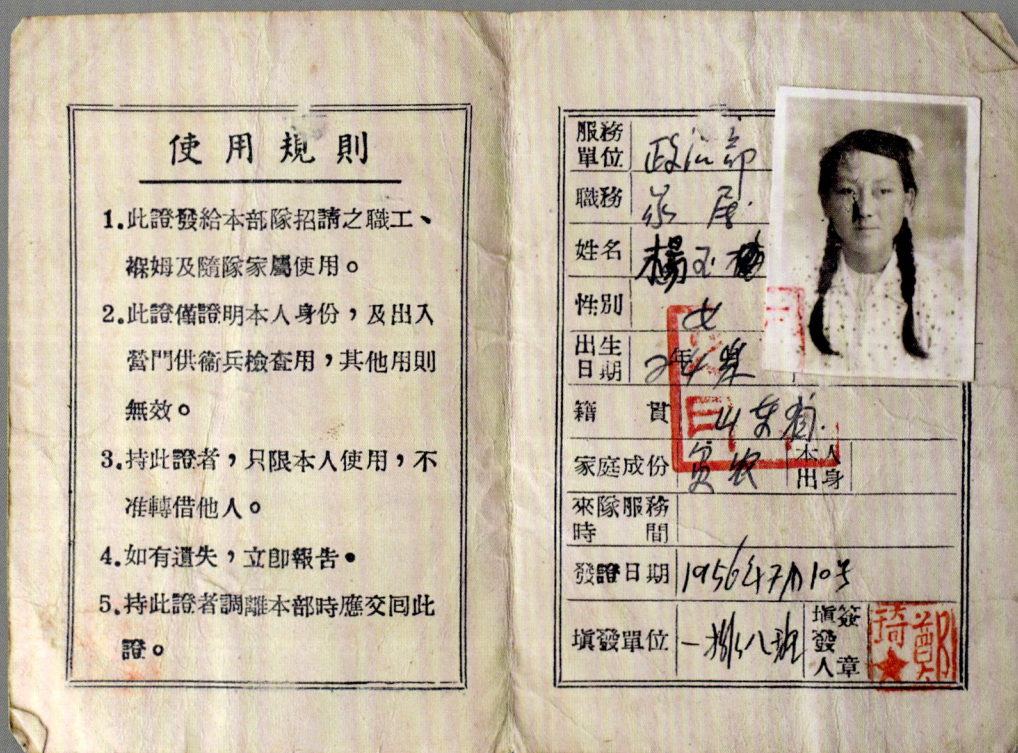

李开兴的中国人民解放军步兵第三预备团司令部出入证

20世纪中后期
博兴县博物馆藏

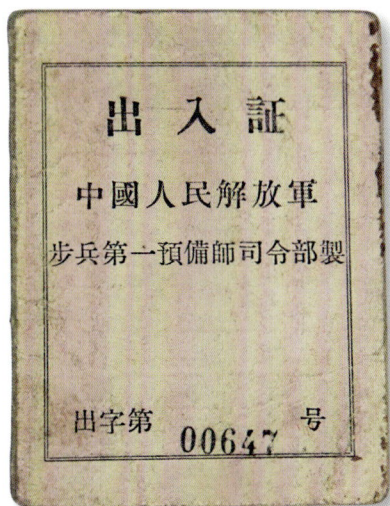

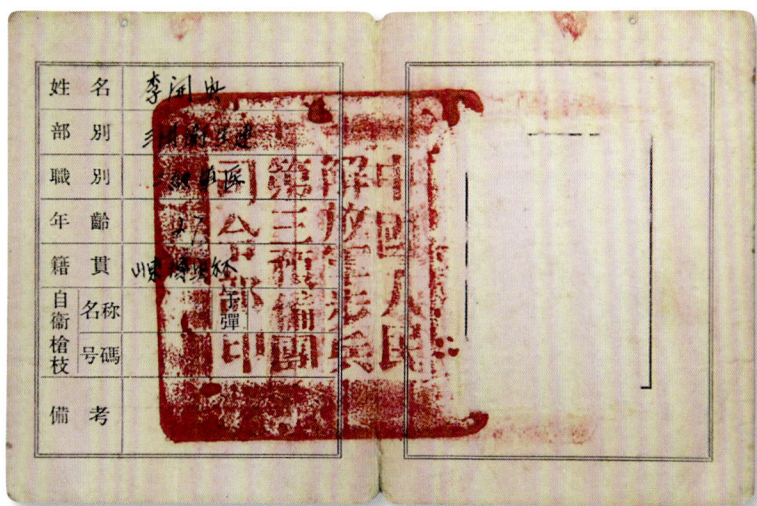

封面印有"中国人民解放军步兵第一预备师司令部制 出入证",编号为"出字第00647号"。第二页、第三页上盖"中国人民解放军步兵第三预备团司令部印"红色方章,持证人李开兴,山东博兴人,步兵第一预备师三团卫生连二级军医;第三页上原应有持证人照片,现缺失。底页写有注意事项。

1955年我国开始建立预备役部队。按照国防部发布的《关于组织预备役师的命令》,先后由成都、武汉、昆明、兰州等军区组建了一批预备役部队。1957年6月军委发出《关于改进兵役工作的指示》,将民兵和预备役合二为一。1958年3月,奉国防部命令,预备役师机构集体转业,预备役师取消。

零四七九司令部、政治部发给福山七零九部队十五团一连"国防施工成绩显著"锦旗

1957年
青岛市博物馆藏

由福山七零九部队十五团一连捐赠。锦旗文字如下："奖给直属一大队一连捣固排 国防施工 成绩显著 零四七九司令部 政治部 一九五七年。"这个连队在国防施工中发扬老前辈艰苦奋斗的革命精神，顶烈日冒严寒顽强奋战，圆满完成了筑路、打坑道、营建等任务。

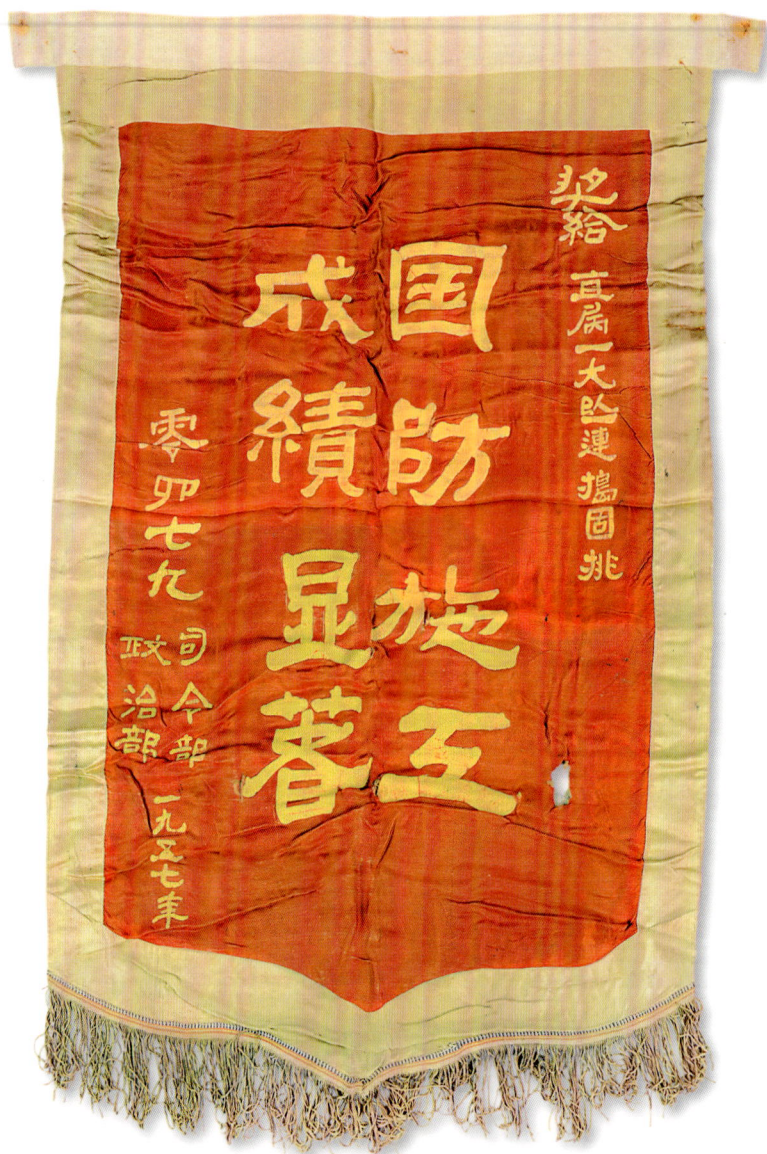

中国人民解放军第六十二军
第一八六师功臣奖章

1951年
高青县革命历史纪念馆藏

　　该奖章设计为象征工（齿轮）、农（麦穗）、兵（五角星）形状，正面中央"功臣"二字，下缘是"一八六师"，背部写"中国人民解放军第一八六师党委颁功臣奖章　1951"字样。1949年1月，华北军区第十五纵队四十五旅改称中国人民解放军第六十二军第一八六师，师长蒲大义，政委车敏瞧。第十五纵队四十五旅于1948年8月由太岳军区第二十军分区组建，参加了解放西北、扶眉、兰州，进军西南等战役战斗。

王焕孟的立功证明书

1953年
博兴县博物馆藏

王焕孟，生于1922年，山东博兴人，1946年加入中国共产党，1948年参军，1954年转业，参加作战15次。

封面上印有"中国人民志愿军立功证明书"，内有王焕孟照片。证明书内容包含三部分：一是"关于颁发立功证明书的决定"，印有"中国人民志愿军政治部之印"红色方章；二是功臣简历；三是立功事迹，写有"一九五三年五月廿八日，立叁等功壹次"，批准盖章机关为"中国人民志愿军步兵七十师后方勤务处"。1949年2月，华东野战军第六纵队第十六师改称中国人民解放军第二十四军第七十师。1952年9月，七十师入朝作战，参加了上甘岭防御、1953年夏季反击战等战役战斗。1955年10月从朝鲜回国后，驻防京郊顺义、通县、怀柔等地区担负卫戍首都的重任。

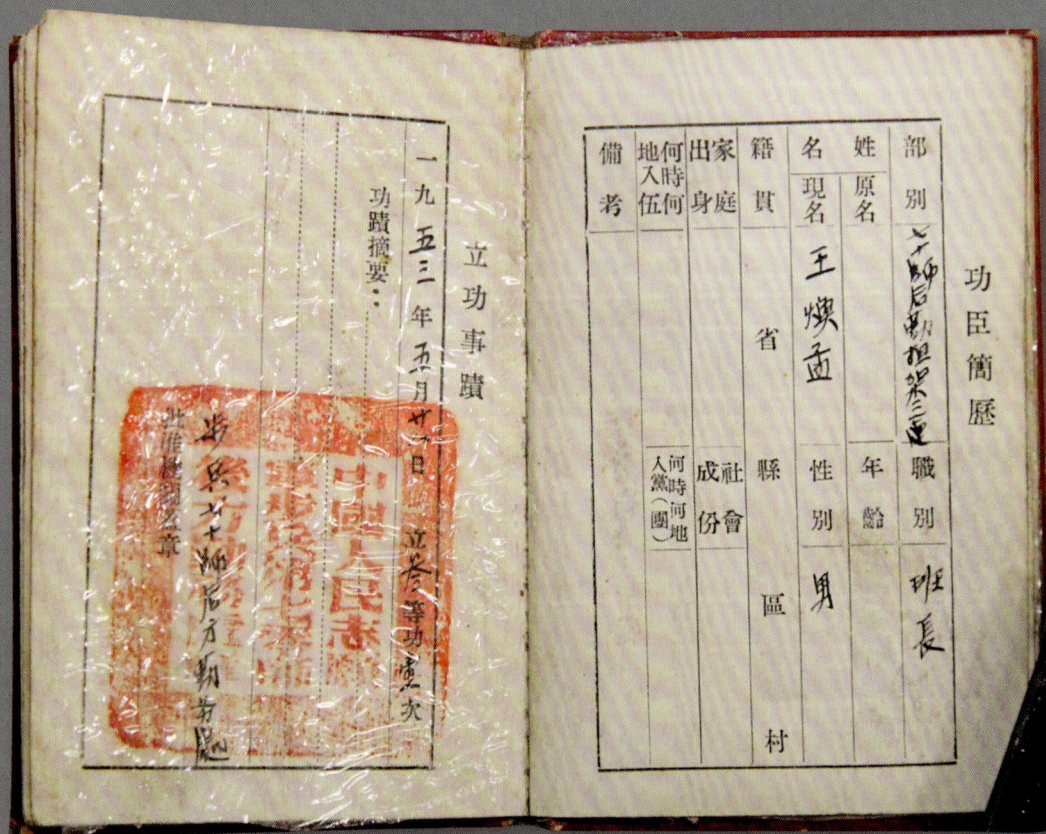

王焕孟的回乡转业建设军人证明书

1954年
博兴县博物馆藏

　　封面上印有"中国人民解放军回乡转业建设军人证明书"。内有持证人像（王焕孟照片）。证明书内容包含三部分：一是"回乡转业建设军人公约"；二是"回乡转业建设军人证明书"，编号为"鲁训字第001289号"，落款时间为1954年7月，盖有"中国人民解放军总部之关防"方章；三是"回乡转业建设军人登记表"。证明书盖章机关为"中国人民解放军山东军区训练第一团政治处"。

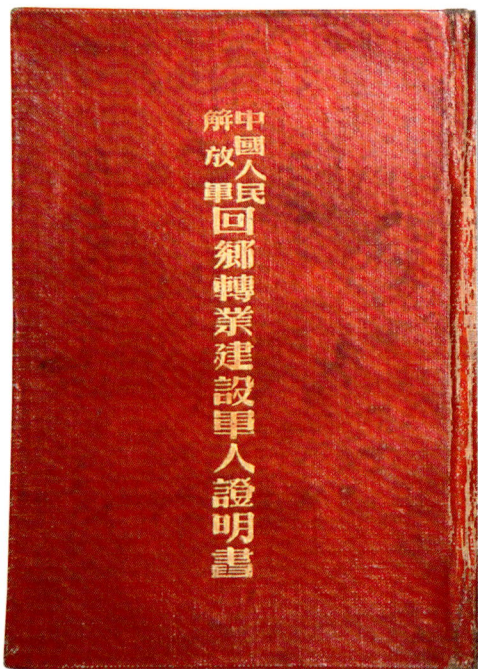

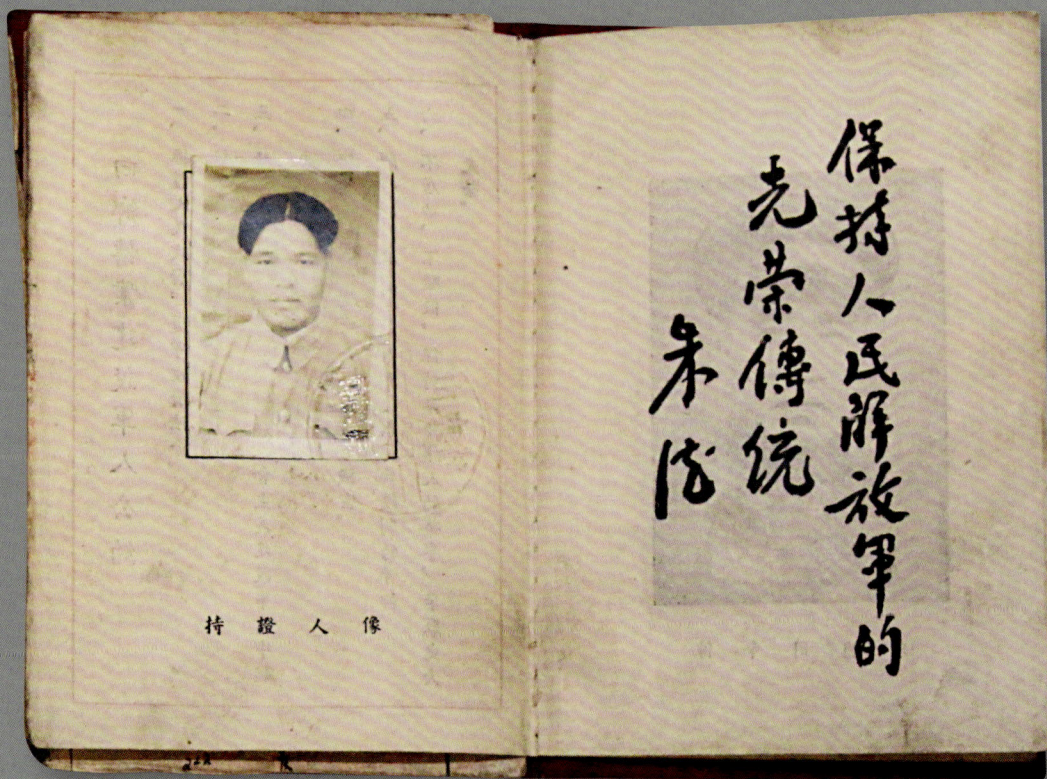

回乡转业建设军人登记表

姓　名		性別				職別		級別	
籍　貫					誕生時間		民族	漢族	
	市　區　街門牌								
家庭人口	繼父、繼母、父、母、妻、 兄、姊、姐、妹、妹 共　口				文化程度	入伍前 現在			
家濟區況概況	入伍前 現在				家庭出身				
何時何地怎樣入伍					個人成份	入伍前 現在			
作戰次數		負傷次數		獎應等級		身體情況			
何時何地何人介紹加入中國共產黨何時何地何人介紹加入中國新民主主義青年團			何時轉正式 何時轉正式		黨內曾任何工作 團內曾任何工作				

中国人民志愿军用废弹壳做的吊灯

抗美援朝时期
青岛市博物馆藏

　　铜质废弹壳制，附有木柄。抗美援朝期间，中国人民志愿军转入阵地防御阶段后，许多部队进入坑道生活和作战。坑道里终日不见阳光，只能靠灯光照明。志愿军用瓷碗、茶缸、炮弹壳、罐头盒等做成灯，用于坑道照明。

张积慧

1927—2023

🏳

中国人民解放军空军司令部、政治部颁发给张积慧的二等功立功喜报

1951年11月9日
山东博物馆藏

  中国人民解放军空军司令部、政治部于1951年11月9日颁发给张积慧的二等功立功喜报。

  张积慧，山东荣成人。1945年参加八路军并加入中国共产党，1951年参加中国人民志愿军入朝作战，任志愿军空军第四师十二团三大队飞行大队长、副团长、团长。抗美援朝战争中，张积慧曾十多次参加空战，击落击伤敌机5架，曾一举击落美王牌飞行员乔治·安德鲁·戴维斯，从而打破了"美国空军英雄不可战胜"的神话。因战功卓著，先后荣立特等功1次、一等功2次、二等功1次，志愿军空军授予他"中国人民志愿军一级战斗英雄"荣誉称号，朝鲜政府授予他朝鲜民主主义人民共和国二级自由独立勋章。

山东省荣城(市)縣甲子山區檐上(街)村

張積斗同志

最近在戰斗

中戰績卓著

經評定立式等功特

此報喜並致賀忱

此致

先生

中國人民解放軍定軍司令部

王海

1925—2020

山东威海人，中国人民解放军空军原司令员，上将。1950年5月于东北老航校毕业后，成为共和国空军的一名歼击机飞行员。在抗美援朝战争中他率领年轻的我空军"王海大队"，与号称世界王牌的美国空军激战80余次，击落、击伤美机29架，荣立集体一等功。他本人先后荣立二等功、一等功、特等功。因战功卓著，被授予"一级战斗英雄"荣誉称号，并获朝鲜民主主义人民共和国二级国旗勋章、二级自由独立勋章；所在大队被誉为"英雄的大队"。

中国人民解放军东北军区空军司令部、
政治部颁发给王兰芝关于其子王海的
抗美援朝一等功立功喜报

1953年1月10日
山东博物馆藏

这张喜报是1953年中国人民解放军东北军区空
军司令部、政治部颁发给王兰芝先生关于其子王海
荣立一等功的喜报。

孙福祥抗美援朝立功喜报

1950年
菏泽市定陶区烈士陵园藏

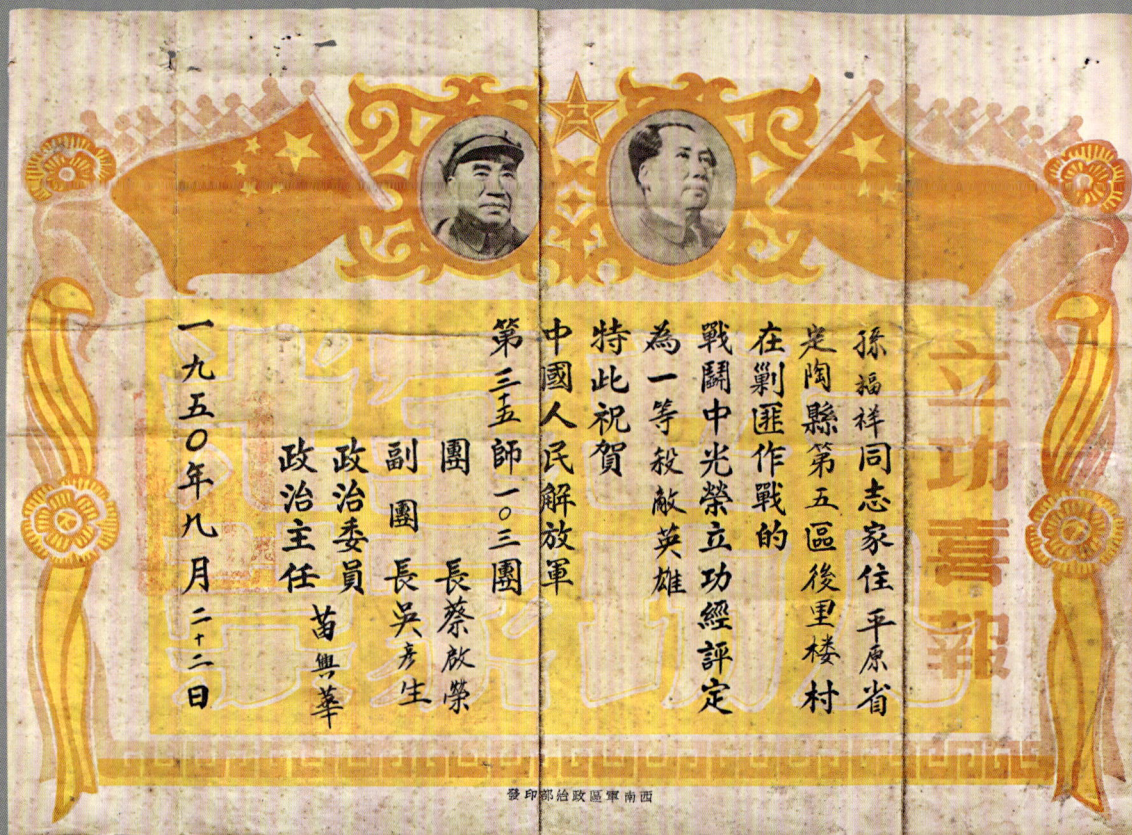

孙福祥，山东定陶人，1922年生人，1948年12月参加革命，曾参加渡江战役，解放重庆，自重庆向西追击国民党残部到甘孜、阿坝、茂县，回重庆休整后，1950年1月在荣昌、大足、永川、清江乡五尖山一带剿匪。9月参加抗美援朝战争，曾荣获"一等杀敌英雄"光荣称号，获二等功一次。1951年2月在战斗中英勇牺牲，时任志愿军十二军三十五师一〇三团机枪连排长。1970年8月，孙福祥烈士的儿子孙自兰将孙福祥荣获的立功喜报和家属优待证捐献给定陶县烈士陵园。

蔡保有烈士的日记本

抗美援朝时期
淄博市博物馆藏

　　封面印"抗美援朝　保家卫国　北京青年文化服务社制"。博山焦庄公社张庄大队厌继忠捐献给淄博市博物馆收藏。

　　日记本所记内容丰富，记录了蔡保有当时在部队时的政治学习和作战训练情况，包含练兵口号、行军口号、地形图等，日记本内还有战友赠言。

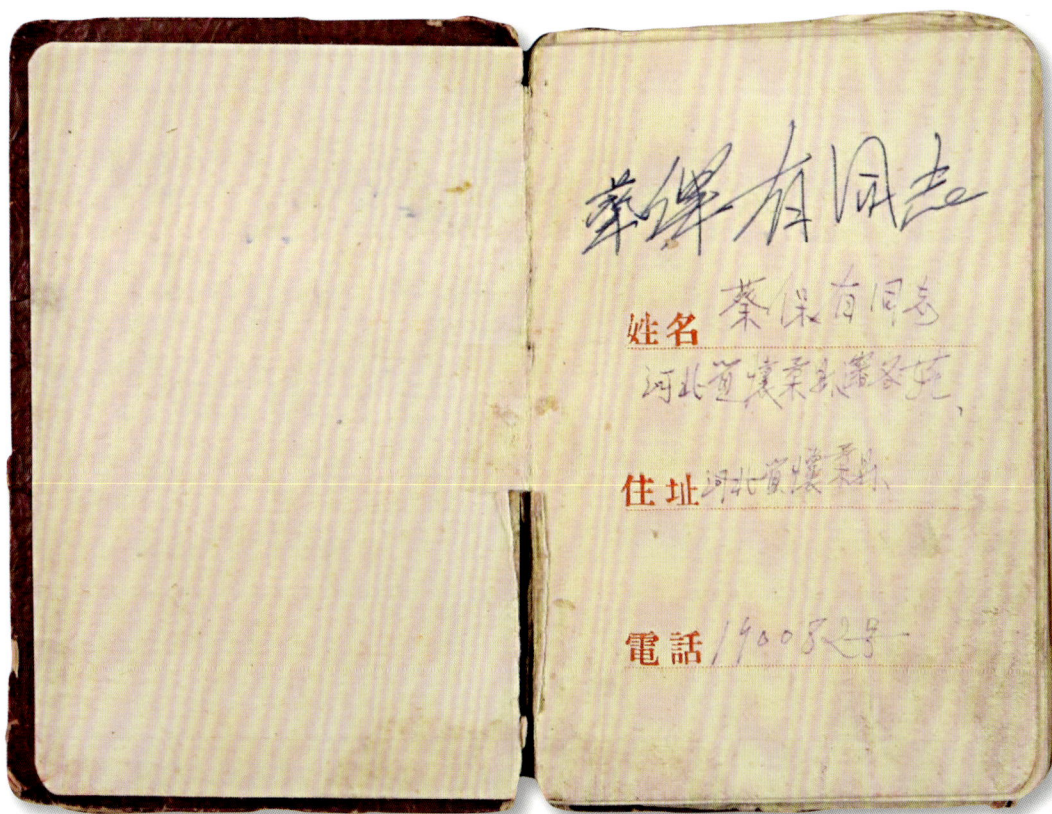

东明县参加抗美援朝的战士
使用的行李夹

20世纪50年代
东明县博物馆（东明县文物保护中心）藏

　　行李夹竹木质地，呈长方形，中间用竹木条摆放成菱形，铁钉固定。

　　1950年9月15日，美帝国主义发动了朝鲜战争，把战火烧到了鸭绿江边，抗美援朝保家卫国运动在全国兴起，12月13日，中共东明县委发出"关于开展抗美援朝保家卫国"的号召。12月21日，东明县成立抗美援朝分会。全县共捐款6.951483亿元（旧币）和大批干菜、粮食、鞋袜等。入伍青年达965人。在整个抗美援朝战争中，先后有43名东明热血男儿为朝鲜人民的解放事业献出了宝贵生命。此行李夹也是参加抗美援朝战争时东明入伍的战士所使用的。

张连训的中国人民志愿军集体立功特等功纪念证

1954年4月17日
济南市博物馆藏

1953年抗美援朝期间，我军六〇七团侦察排"化袭班"，插入敌后出奇制胜，一举端掉了韩军白虎团团部，创造了以小分队敌后奇袭成功的经典范例。韩国首都师第一团，又名"白虎团"。该团战斗力极强，由4个炮兵营和机甲团的1个营，以及大量的纵深炮兵组成。配有火炮140余门、坦克40余辆，手中枪械的先进程度，也远超志愿军。而且，白虎团在坚守之地已经经营日久，防御工事做得很扎实。我军二〇三师在夏季金城进攻计划中，担任了全歼白虎团的任务。师首长决定由六〇七团侦察排组成一个"化袭班"，在穿插营（六〇九团二营）之前，于主力发起总攻的同时插入敌后，以化装袭击手段，端掉白虎团团部，捣毁敌指挥系统，以配合我主力全歼守敌。

化袭班由六〇七团侦察排一班担任，时任侦察排副排长的杨育才，出任该侦察班的班长，参与行动的共13名侦察队员，包括张连训等。穿插中以护送美军顾问或装作敌溃退散兵模样尽量避开敌人，以达到出奇制胜、全歼敌白虎团团部的目的。金城之战结束后，穿插营被授予"一等功臣营"荣誉称号，化袭班被授予"一级战斗班"荣誉称号，张连训被记特等功。

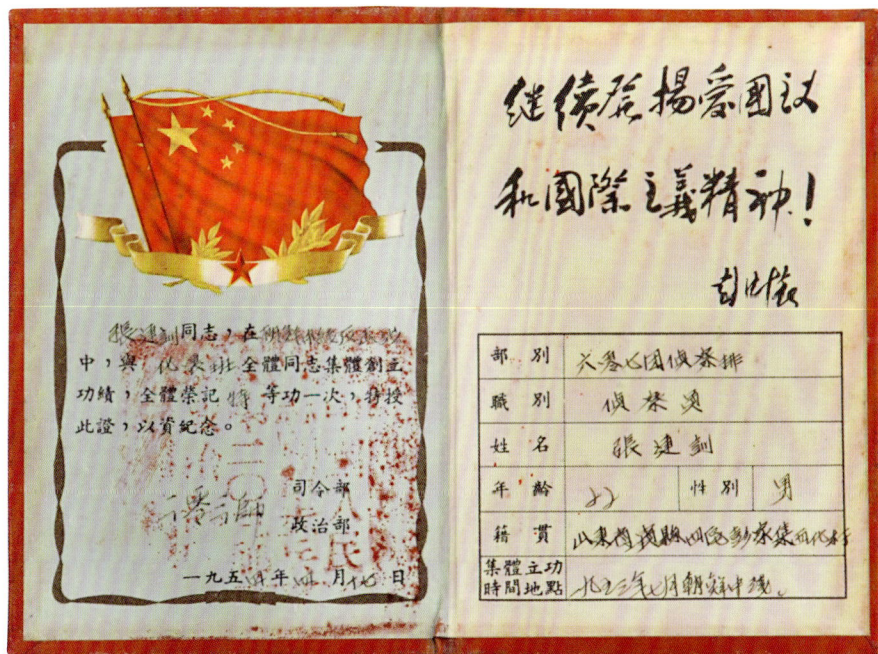

上甘岭战役李玉堂烈士用过的布袋

1952年
东明县博物馆（东明县文物保护中心）藏

　　棉麻质地，三折绣花，布袋外层刺绣有"抗美"字样，是赴朝慰问团送给志愿军战士的慰问品。李玉堂在解放战争初期参军入伍，并加入了中国共产党。1950年6月参加志愿军入朝，和朝鲜人民并肩作战，战后他被评为三等功。1952年上甘岭战役，他受命投入战斗，时任某部班长。在战斗进行的最残酷的一天，敌军竟出动了250架次飞机投下重型炸弹500枚，大炮发射30万发炮弹，山顶平均打低了两米。他带领全班战士，坚守阵地打退了敌人多次进攻，最后光荣牺牲，年仅22岁。

　　绣花布袋是李玉堂烈士的遗物，体现了中国人民对抗美援朝战士的关怀之情。

青岛市自来水厂职工纷纷捐款，支援抗美援朝前线购买飞机大炮。

报道青岛纺织业和华新纱厂 为抗美援朝捐赠飞机的 《青岛日报》

1951年
青岛市博物馆藏

　　1951年6月21日《青岛日报》报道了在抗美援朝运动中，青岛纺织业和华新纱厂各捐赠一架飞机的事迹。

　　1950年10月，中国人民志愿军赴朝作战，拉开了抗美援朝战争的序幕。1951年1月28日，中国人民抗美援朝总会青岛分会成立。1951年6月5日，"抗

援会"更大规模地动员全市人民响应中国人民抗美援朝总会关于捐献飞机大炮和优待烈军属的号召。青岛是中国最早的纺织工业基地之一，在当时与上海、天津一起被誉为"上青天"。青岛华新纱厂是当时青岛唯一民营大型纱厂，占据重要力量。捐赠飞机这一事迹，是其经济实力与爱国情怀的体现。

青岛日报

星期四 一九五一年六月二十一日

夏历辛卯年五月十七日（木）十八日

第二五号

今日读报提要

歡迎赴朝慰問團

膠東和上海各界代表舉行集會

市三屆三次人代會第五天
舉行分組聯席座談會

本市各界捐獻運動正在展開
紡織業捐飛機一架
華新公司獨捐一架

青島電信局職工
愛國捐獻近三億元

廣大職工捐獻武器運動繼續高漲

白志健同志捐出獎學金
響應捐獻，學費歸飛機

中國人民抗美援朝總會
關於全國性機關團體按照所屬系統
捐獻武器的收款辦法的通知

首都人民正準備熱烈慶祝「七一」
東北敎工以提高生產慶祝迎接「七一」

勞國母主席紀念會慶祝的生日
富給「毛主席」的信

政務院財政經濟委員會發出通知
嚴格檢查基本建設工程設計

貿然施工造成國家資財巨大損失

東北某地倉庫修建工程無週密設計

家庭婦女踴躍捐獻

鉋完成，青島婦女捐飛機

我控訴假藉傳敎爲
「名的帝國主義分子」

[信箱] 私營小工廠能否
實行工會法？

東北區人民
社論

沒有工程設計就不可能施工

🚩

中国人民银行济南天桥办事处关于济南机厂工会抗美援朝捐款的代理收款收据

1951年
山东博物馆藏

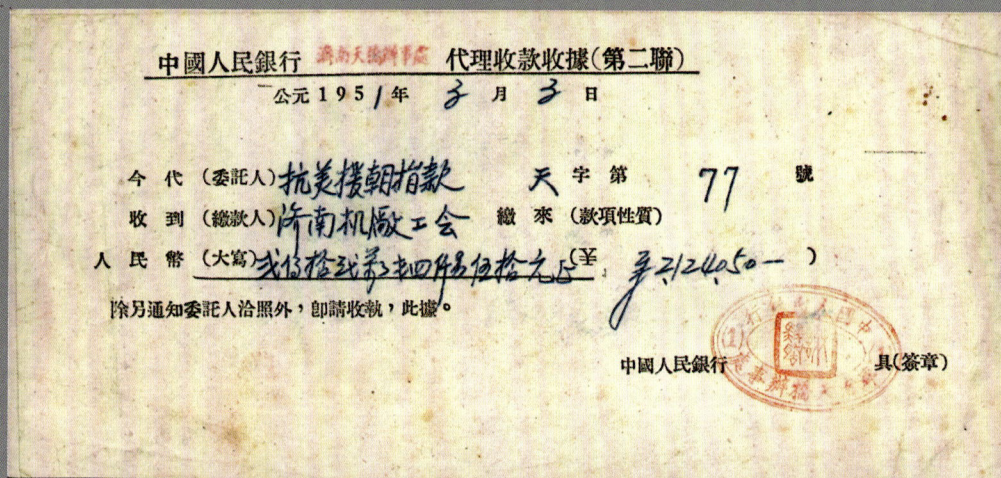

1951年3月3日中国人民银行济南天桥办事处关于济南机厂工会抗美援朝捐款的代理收款收据。1950年朝鲜战争爆发，中国掀起大规模的抗美援朝运动，山东全省性的抗美援朝运动迅速展开。山东人民踊跃参军，慰问前线，订立爱国公约，开展全民捐献运动。截至1952年5月31日，山东省共捐款2954亿元（旧币），相当于购买197架战斗机的款额。

赴朝慰问团赠送给志愿军的明信片

1952年
烟台市博物馆藏

明信片共8张，包括《庆祝一九五二年国庆节》《杭州采茶妇女正在采摘春茶》《某露天煤矿》等内容。正面为图片，右下角是文字介绍，背面上部正中印有"明信片"三个字，右上角印有"军邮"二字，最下面正中印有"中国人民赴朝慰问团赠"。

中国人民赴朝慰问团，主要是慰问在朝鲜前线英勇作战、反对美国侵略的中国人民志愿军和朝鲜人民军，是中国人民保卫世界和平、反对美国侵略委员会派出的慰问组织。在抗美援朝期间，中国人民抗美援朝总会为转达祖国人民对中国人民志愿军的关怀和敬意，在抗美援朝战争中和朝鲜停战后，三次组织中国人民赴朝慰问团，前往朝鲜慰问中国人民志愿军和朝鲜军民。慰问团成员由全国各民族、各民主党派、各人民团体和革命烈士家属、军人家属的代表，各条战线著名的劳动模范和中国人民解放军的战斗英雄及各界知名人士、文艺工作者组成。第二届中国人民赴朝慰问团于1952年9月18日赴朝，12月5日回到北京。此组明信片见证了第二届中国人民赴朝慰问团前往朝鲜慰问中国人民志愿军和朝鲜军民的活动，表达了祖国人民对志愿军的关怀和敬意。

4　　　　　　　　　　　　　　　　拖拉机耕地，每天可犁田一百五十亩。

5　　　　　　　　　　　　　　　　某露天煤矿。

6　守衛在海南島上的中國人民海軍

7　杭州採茶婦女正在採摘春茶

8　淮河上最大工程——三河閘

9　朝鲜人民军在前线庆祝朝鲜停战

10　庆祝朝鲜停战

国营青岛丝织厂职工反对使用原子武器的
签名绸带

1955年
青岛市博物馆藏

　　绸带为国营青岛丝织厂全体职工反对使用原子武器、拥护世界和平理事会常务委员会《告全世界人民书》的签名，实际参加签名507人，落款时间为1955年2月17日。

　　1955年2月，中国人民保卫世界和平委员会青岛分会召开会议，拥护世界和平理事会常务委员会关于在全世界发动反对使用原子武器签名运动的号召，成立了青岛市人民反对使用原子武器签名运动委员会。自2月14日开始至3月1日止，全市人民在《告全世界人民书》上签名的有82万多人，占全市人口的80%以上。

中国人民志愿军后勤司令部印制的饭票

1952年
天福山起义纪念馆藏

1952年中国人民志愿军后勤司令部饭票。正面印有"饭票壹天"，"中国人民志愿军后勤司令部"钤印，背面还印有五条规则。中国人民志愿军军用饭票在抗美援朝战争期间发行，保障了志愿军干部战士因公外出办事之用。

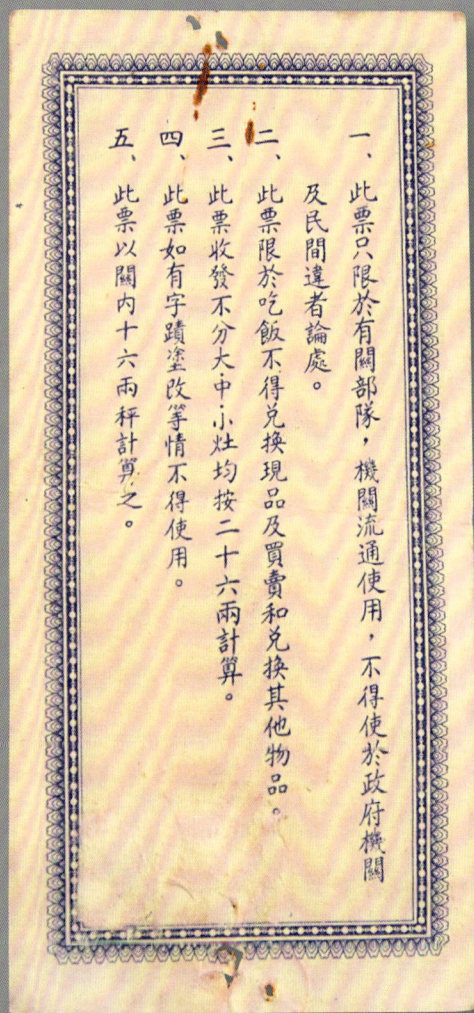

中国人民志愿军预防注射证

1952年
济南市章丘区博物馆藏

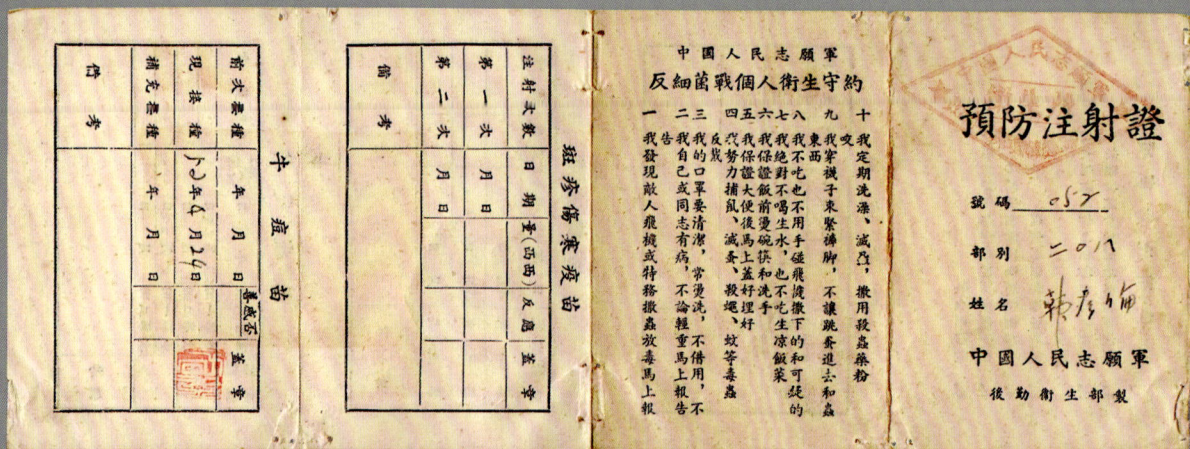

抗美援朝期间，中国人民志愿军后勤卫生部制预防注射证，正面上部印有"中国人民志愿军卫生所"菱形印章，背面印有"中国人民志愿军反细菌战个人卫生守约"，内文为斑疹伤寒疫苗、牛痘苗、霍乱疫苗、四联疫苗和鼠疫疫苗的接种记录及注意事项。

1950年6月，美帝国主义发动侵略朝鲜的战争。同年10月，中国人民志愿军赴朝作战。山东广大青壮年积极响应党和国家"抗美援朝，保家卫国"的号召，继续发扬战争年代的光荣传统，踊跃参军参战。章丘、章历两县人民，踊跃捐款购买飞机大炮，积极报名参军。章丘县共计捐款16.98亿元（旧币）。积极报名参军者达7286人，其中1064人被批准加入中国人民志愿军，有238人牺牲在朝鲜战场，102人光荣负伤。1952年初，美国侵略军在朝鲜战场上发动细菌战争，在朝鲜北部、中国东北及其他一些地区投掷带菌昆虫。中共中央和中央军委高度重视，积极组织力量进行反细菌战，以防疫工作为反细菌战工作的中心，进行大规模的疫苗注射、制定反细菌战个人卫生守约等。至1952年冬，中国人民志愿军和朝鲜军民经过将近一年的斗争，彻底战胜了美国进行的细菌战。

张星三的中国人民赴朝慰问团慰问手册

1953年
淄博市博物馆藏

淄博市张店区石桥税务所张星三捐献给淄博市博物馆收藏。

慰问手册是张星三在抗美援朝战场上的学习笔记。他在笔记扉页处写道"千万颗人民的心在鼓舞着前进，我要以满腔热血贡献给祖国人民，1953年12月29日写于朝鲜"。主要内容包含步枪射击、轻机枪射击等军事课程笔记和《共产党员标准几项条件》《过渡时期的总路线》等政治学习内容，另外还有1955年3月10日战友在三八线给他写的临别赠言。

孔祥荣

1912—1975

安徽六安人。1931年7月参加革命工作，1932年7月加入中国共产党。历任鄂豫皖苏区红四军十一师战士、班长，四川苏区红四军团政治处、总医院宣传组织干事，八路军一二九师指导员、一二九师团政治处股长，山西抗大学员，延安西北烟厂厂长，大光纺织厂厂长，山东荣军总校政治部干事、山东荣军总校六荣校行政股股长、山东荣军总校荣校校务长、山东荣军总校警卫团参谋长，济南铁路公安处警备科科长、治安科科长、济南铁路公安处济南分处副处长，青岛铁路公安分处处长，济南铁路检察院副检察长，济南铁路管理局职工生活管理处代处长，蚌埠铁路局副局长，济南铁路局副局长等职。

中国人民志愿军孔祥荣等的通行证

1953年3月
济南市博物馆藏

证书最上方为证书名称，由上到下为"中国人民志愿军 通行证 士字第壹号"，通行证内容包括人名、人数、路径、携带物品、日期等信息，加盖朱印。在证书的最上方附加乘车证的详细信息，包括使用别、所属、姓名等，有团长孔祥荣（41）、商占先（23），政委张兴华（35），警卫员王丰禄（25），区间是自安东站至济南站（经由）沈阳，落款日期为1953年3月29日，加盖军事运输司令部朱印。

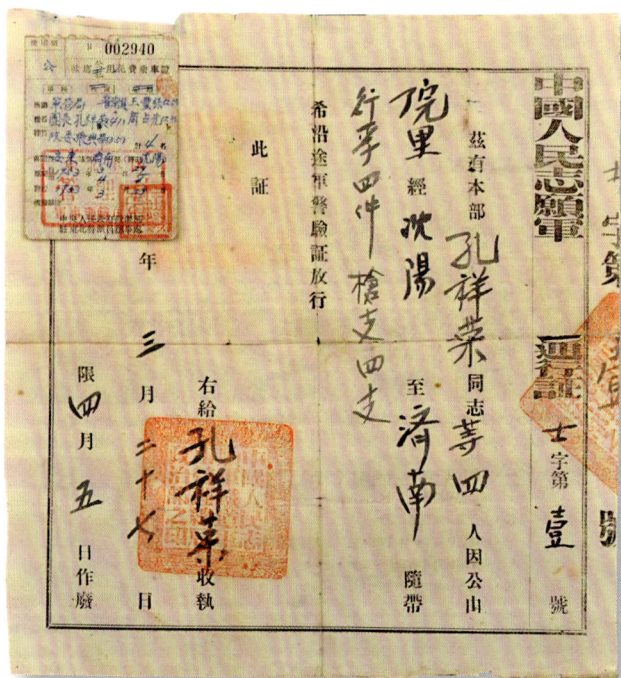

解放军战士吴振浩佩戴的
中国人民解放军胸章

1953年
烟台市博物馆藏

长方胸章，白布底，四周有红色线条框，正面
印有"中国人民解放军"黑色字样，背面左边竖写
姓名"吴振浩"，旁边分三行印有部别"山东军
区第二干部文化学校五中队"、职别"学员"和

"一九五三年佩用第72号"。

中国人民解放军胸章是我军49式和50式军服的
重要组成部分，展示了人民军队威武严整的军容，
也见证了中华人民共和国军服的发展历程。

　　抗美援朝期间，中国人民抗美援朝总会共组织过三届中国人民赴朝慰问团。其中，第三届中国人民赴朝慰问团是在实现朝鲜停战、抗美援朝作战取得胜利的情况下组织的，于 1953 年 10 月 4 日赴朝，12 月中旬离朝回国。为庆祝朝鲜停战谈判胜利，这届慰问团由贺龙任总团团长，下设 8 个分团，　行共 4000 余人，是二届之中规格最高、规模最大的一届。慰问团代表我国政府和人民慰问了朝鲜人民军，并向我志愿军干部战士颁发了抗美援朝和平纪念章。

　　中国人民赴朝慰问团第三次赴朝慰问时向志愿军战士颁赠的"和平万岁"纪念章。红铜质地，外形为五角星状，正面以红釉为底，上面镌刻着"和平万岁"四字，中间是展翅飞翔的和平鸽。和平鸽图案是著名绘画大师毕加索为 1952 年 12 月 12 日在奥地利首都维也纳召开的世界人民和平大会专门创作的。图案中的和平鸽展翅高飞，象征全世界人民争取和平的强烈愿望。背面印"抗美援朝纪念　中国人民赴朝慰问团赠　1953.10.25"。

1953年7月26日，朝鲜停战协议签订，抗美援朝运动结束。图为青岛军民热烈欢迎志愿军归国代表团、朝鲜人民访华代表团来青岛访问。

中国人民赴朝慰问团赠"和平万岁"
抗美援朝纪念章

1953年10月25日
滨州市博物馆藏

中国人民赴朝慰问团赠"和平万岁"
抗美援朝纪念章

1953年10月25日
枣庄市博物馆藏

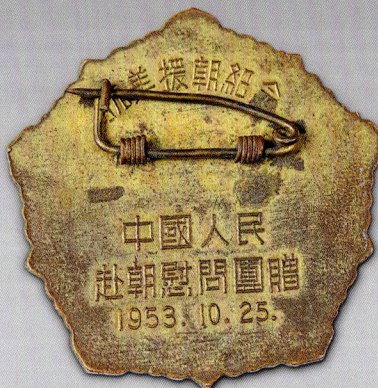

刘加根

1921—1996

又名刘家根，山东日照虎山镇人。1939年参加革命，同年12月加入中国共产党，历任涛雒区区中队队员、区武委会主任，日照县武装部部长等职。1949年1月南下，是日照县南下干部领队之一。其到达浙江省温岭县后，任县武装科科长、武装部部长等职。

55式陆军军服上衣（带肩章）及帽徽

1955年
日照市岚山区博物馆藏

日照县南下干部领队之一的刘家根穿过的55式军服上衣（带肩章）和其佩戴过的55式陆军帽徽。2021年6月10日，刘家根之子刘建宁将其捐赠给日照市岚山区博物馆。

志愿军战士王学林荣获的功劳证

1953年

烟台市博物馆藏

封面印有"中国人民志愿军立功证明书"，内页右边为功臣简历，包括部别、职别、姓名、年龄等11项信息，左边为立功事实：一九五三年十月十五日立三等功一次。功绩摘要为：工作积极认真负责，并能以身作则带领大家完成任务，日常工作中能克服困难，埋头苦干，胜利完成任务。批准机关为铁道工程十师政治部，盖有"中国人民解放军铁道兵第十师政治部"朱印。内文还有"在反对美

帝国主义侵略、保卫世界和平的正义战争中，我中国人民志愿军在完成历次伟大艰巨战斗任务中涌现出无数功臣，为进一步发扬新英雄主义，鼓舞与提高战斗意志，特颁发立功证书。凡参加抗美援朝保家卫国战争中，在各战役战斗及后勤等各种工作上，立有三等功以上的战斗员、指挥员与工作人员，均发给立功证明书，以资褒扬，并享受功臣的一切优待与荣誉，望持有此立功证明书的同志，慎为保存，并为保持光荣与发扬光荣而继续努力！中国人民志愿军司令部、政治部"。

该功劳证反映了志愿军战士王学林为抗美援朝战争胜利作出的贡献。

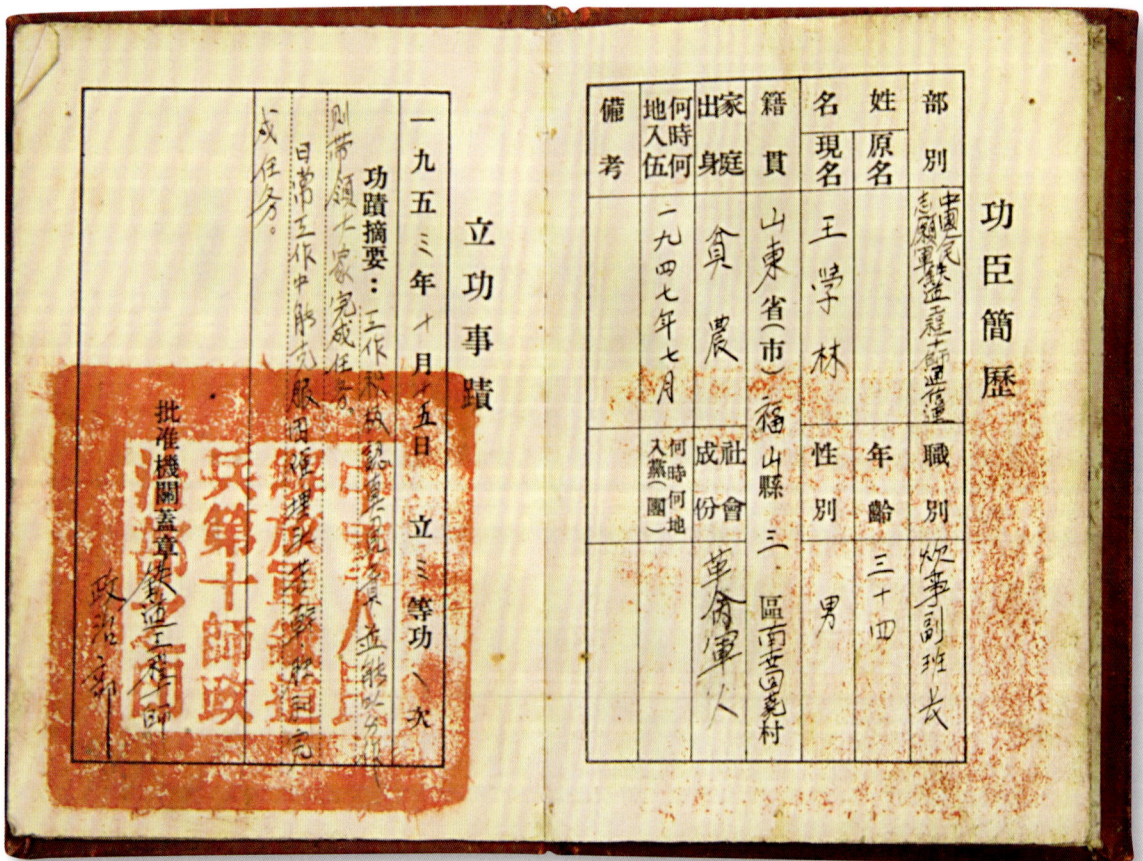

岳才敬的革命烈士证明书

1952年

菏泽市烈士陵园（菏泽市抗日纪念馆）藏

　　中国人民志愿军二十七军八十一师二四一团政治处于1952年5月30日颁发。岳才敬1948年11月入伍，在中国人民志愿军二十七军八十一师二四一团一营三连任战士。在抗美援朝战争中英勇牺牲，菏泽县政府按《革命烈士家属革命军人家属优待暂行条例》对其家属予以优待。

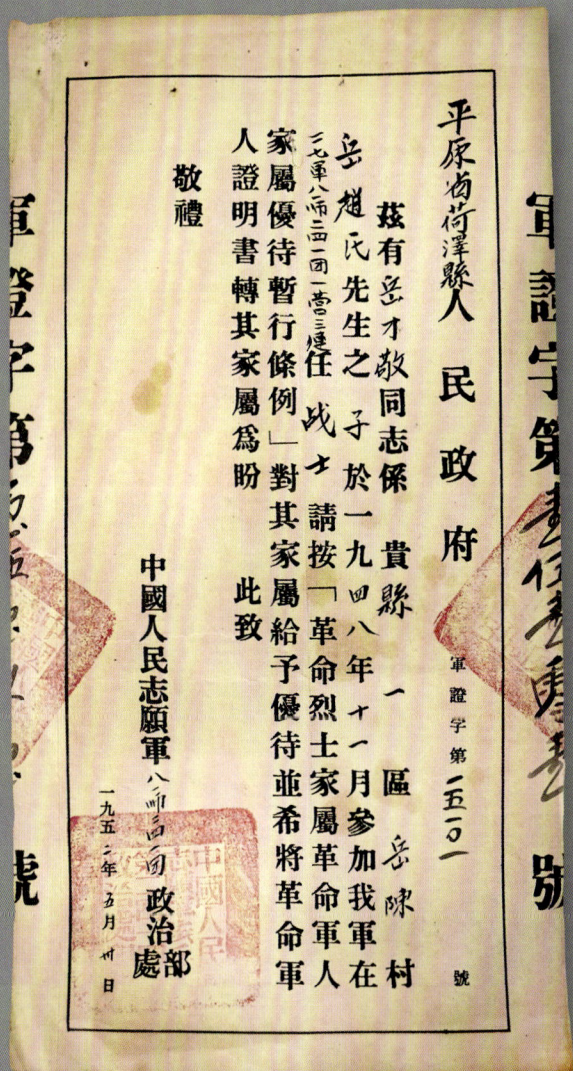

抗美援朝时期陈广汝的
朝鲜三级国旗勋章

抗美援朝时期
淄博市博物馆藏

银质，整体为两个五角形交叉重叠图案，背面刻朝鲜文。此勋章是抗美援朝时期朝鲜政府颁发给志愿军团级以上立功人员的，陈广汝当时任第四十五团副政治教导员。后陈广汝捐献给淄博市博物馆收藏。

抗美援朝时期志愿军第一五〇师
首长致军属的公开慰问信

抗美援朝时期
烟台市博物馆藏

慰问信主要内容是抗美援朝保家卫国战争已取得伟大胜利，胜利的取得，与军属的贡献分不开。军属们生活困难，特发给救济金人民币439.200元，以作生活上的补助。部队已由朝鲜光荣回到祖国开始整训，使在军事技术和知识上更提高一步，请家属勿惦念。此封公开信表达了志愿军师首长对军属们的关怀和慰问。

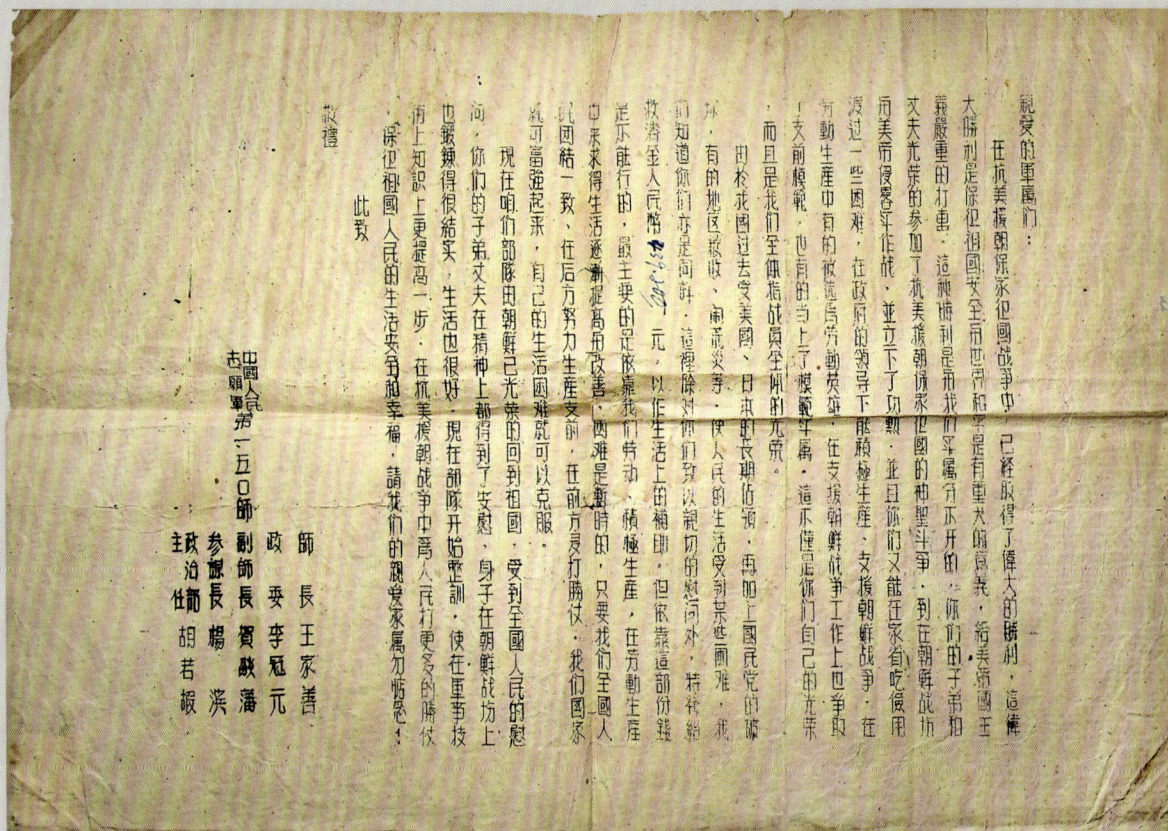

刘振华

1921—2018

全面抗战爆发后，刘振华于1938年初参加了中共山东省委直接领导的徂徕山抗日武装起义建立的八路军山东人民抗日游击第四支队，同年6月加入中国共产党。在抗战中历任排政治战士、连指导员、营分支书记、营教导员、团政委兼政治处主任等职。抗战胜利后随军挺进东北，后任第四十军一一八师政治部主任，率部参加了平津战役、和平解放北平、渡江战役、解放武汉战役、湘赣战役、衡（阳）宝（庆）战役、广西战役、解放海南岛战役。在抗美援朝战争中任四十军一一八师师长，率部参加了第一至第五次战役。

刘振华上将的肩章

1988年
泰安徂徕山抗日武装起义博物馆藏

刘振华1988年被授予上将军衔时的肩章。由刘振华的子女将肩章捐献。

刘振华上将在抗美援朝时期
使用过的文件盒

抗美援朝时期
泰安徂徕山抗日武装起义博物馆藏

　　文件盒是刘振华在朝鲜用过的。泰安徂徕山抗
日武装起义博物馆建立后，刘振华的子女将文件盒
捐赠给博物馆。

华东军区海军1号嘉奖令

1951年
中国人民解放军海军博物馆藏

为通报嘉奖华东军区吴淞要塞嵊泗海防二营全体参战官兵在巡剿任务中的英勇表现，时任华东军区海军司令员袁也烈于1951年4月14日签发。嘉奖令上写有"在巡剿任务中，该营参加执行任务的全体同志均表现了机动灵活、勇猛果敢的精神，克服困难，坚决胜利完成任务，表现了革命英雄主义精神，特予通令全军表扬"等字样。

1951年2月17日上午8点，海军某部在浪岗山附近发现了"美"字号两艘登陆艇、两艘渔轮和三艘机帆船劫掠渔船。二营随即派出两艘渔船和四艘登陆艇，在营长带领下出海巡逻监视并相继出击。四艘登陆艇分头包抄缴获四艘日本渔船，俘虏42个日本海匪，获得了反海匪斗争的胜利。此份嘉奖令，是华东军区海军成立以来颁发的第1号嘉奖令，极大地鼓舞了军心，对初创时期的人民海军来说尤为重要。

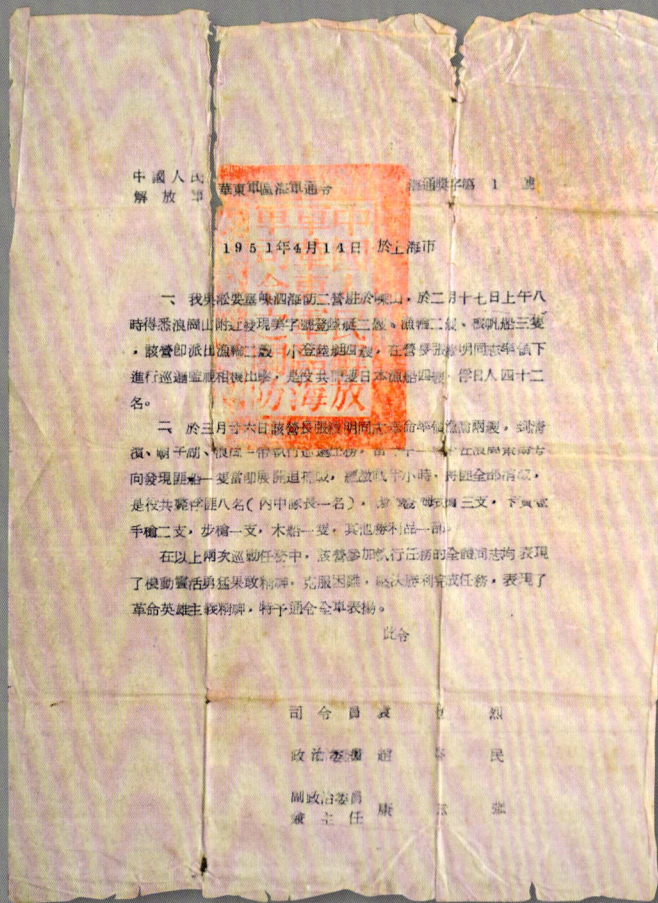

朝鲜人民军代表团赠送给东海舰队的布满弹片的上甘岭枯枝

1952年
中国人民解放军海军博物馆藏

上甘岭战役中留下的一段枯树枝，是朝鲜访华代表团于20世纪60年代末赠送给海军东海舰队的珍贵礼品，后收入中国人民解放军海军博物馆珍藏。在这段长度仅有85厘米的枯树枝上竟嵌入35枚弹片，它见证了上甘岭战役激烈残酷的悲壮历史，彰显了中国人民志愿军战士坚不可摧、顽强无畏抗击敌人的英雄气概。

1952年10月14日，上甘岭战役打响。在持续43天的激烈对战中，敌我反复争夺阵地达59次，当时美军的炮弹倾泻而下，将我军防守的阵地主峰削低了两米，但却丝毫没有动摇我军的钢铁意志。志愿军战士殊死搏斗，使上甘岭变成一道攻不破的防线，创造了以弱胜强的光辉范例，打出了震撼世人的"上甘岭精神"。

萧劲光荣获的一级八一勋章

1955年
中国人民解放军海军博物馆藏

一级八一勋章为银镀金质地，其图案外形为钝角五角星，中间衬以八一军徽，象征着军队最高荣誉。八一勋章于1955年首次设立，授予中国工农红军时期（1927年8月1日—1937年7月6日）参加革命战争有功人员。

苏联海军总司令戈尔什科夫赠送给
萧劲光的佩剑

1957年
中国人民解放军海军博物馆藏

　　木质刀柄，刀鞘由合金、皮革两种材料组合制成，刀鞘侧面有两个圆形挂环。1957年11月，时任苏联海军总司令戈尔什科夫赠送给萧劲光大将。

　　1957年10月底，为庆祝苏联"十月革命"40周年，萧劲光参加军事友好代表团访问苏联。11月10日，苏联国防部部长马利诺夫为中国代表团访苏举行欢迎宴会。苏联国防部副部长兼海军总司令戈尔什科夫将此苏联海军军官佩剑赠送给萧劲光。访问期间，双方还讨论了关于中华人民共和国海军工业建设、建设方针、武器装备发展、海军科学研究、641和613潜艇及鱼雷性能等问题。

第三章

工农并进
鼎新革弊

　　齐鲁大地，百废待兴。山东广大党员干部群众怀着"敢教日月换新天"的壮志豪情，自力更生、艰苦奋斗，积极投入到社会主义建设大潮中。从1953年第一个五年计划的国民经济建设开始，逐步实现对农业、手工业、资本主义工商业的社会主义改造，建立起比较完整的工业体系，开展大规模的农田水利建设，进行教育、科技、文化、卫生、体育等其他各项社会改革，全省经济得到基本恢复和初步发展。人民生活水平得到较大改善，齐鲁大地发生了改天换地的巨大变化。

🚩

汪亚民的临沂专员任命通知书

1950年10月27日
沂蒙革命纪念馆藏

任命通知书由中央人民政府政务院印制。汪亚民，1939年2月加入中国共产党。中华人民共和国成立后，历任临沂专员区专员、山东人民省政府宗教事务处秘书长、上海市教育局副局长、党组副书记等职。1950年汪亚民在任临沂专员期间，为临沂的土地改革、工业生产和工会工作作出了重要贡献。

中央人民政府

政 務 院 任命通知書 政内字第

兹經政務院第五十六次政務會議通過任命

汪亞民爲山東省臨沂專員區專員

特此通知

總理 〔签名〕

一九五〇年民政月廿七日

中央人民政府印 政務院印

02530 號

益都县土地房产所有证

1951年
青州市博物馆藏

山东省土地房产所有证，致字第八二一十号。所有者为益都县第一区胜利镇粮市街村民刘王氏。房产证详细记录了归刘王氏所有的土地的位置、地形种类、亩数、四边界、尺寸和附属物，房产的位置、地形种类、间数、地基亩数、四边界和尺寸。盖有益都县人民政府印，并由时任县长李魁德签字、盖章。

1950年6月颁布的《中华人民共和国土地改革法》第三十条规定：土地改革完成后，由人民政府发给土地所有证，并承认一切土地所有者自由经营、买卖及出租其土地的权利。该土地房产所有证颁发时间为1951年12月25日，当年青州地区的土地改革于4月基本结束，土地改革完成后下发的土地房产所有证严格按照国家颁布的土地改革法要求写明本户全家或本人所有土地、房产均作为私有产业，有耕种、居住、典卖、转让、赠予等完全自由，任何人不得侵犯。此土地房产所有证是中华人民共和国土地改革进程的重要物证。

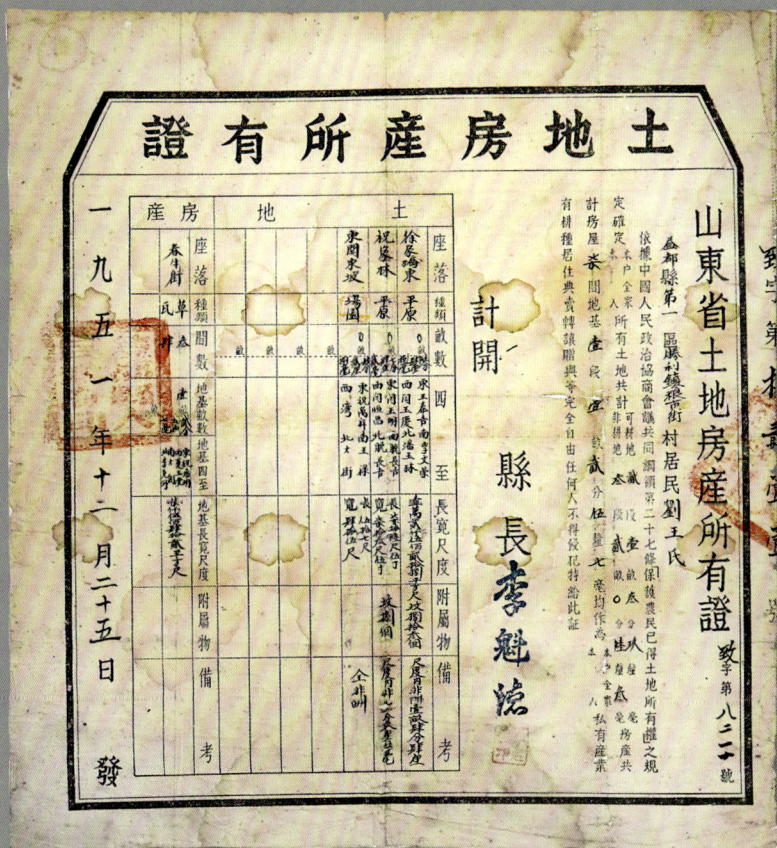

1951年7月，土地改革后分得土地的鄄城农民积极参加疏浚赵王河。

博兴县土地房产所有证

1951年
博兴县博物馆藏

宣纸制成，证书上方横排"土地房产所有证"，左侧竖写"山东省土地房产所有证""后字第壹〇伍壹号"。证上文字为"博兴县二区贾李村居民王成福、王杨氏，依据中国人民政治协商会议共同纲领第二七条'保护农民已得土地所有权'之规定，确定本户全家（本人）所有土地共计可耕地贰段陆亩伍分扒厘扒毫，非耕地贰段〇亩叁分玖厘口毫，房产共计房屋　间，地基　段　亩　分　厘　毫，均作为本户全家（本人）私有产业，有耕种居住典卖转让赠与等完全自由，任何人不得侵犯。特给此证"。证中可耕地、非耕地处盖有两处方形印章，末钤印县长"王君"印。左侧列表注明了土地、房产的位置、面积等，表左侧竖排"一九五一年十一月廿九日发"，盖有博兴县人民政府印。

1950年6月中央人民政府通过《中华人民共和国土地改革法》，1950年11月内务部《关于填发土地房产所有证的指示》规定：土地改革完成后，不论农民新分的土地及原有土地和房屋，一律颁发土地房产所有证。博兴土地改革使得全县20多万贫雇农和下中农分得土地、房屋等，全县一般村镇人均土地3亩左右。

土地房產所有證

山東省土地房產所有證　俊字第叁伍壹號

博興縣二區賣李村居民 王氏福 王楊氏

依據中國人民政治協商會議共同綱領第二十七條保護農民已得土地所有權之規定確定本戶全家所有土地共計非耕地 款 段 分 耕地 款 段 分 計房屋 款 間地基 段 畝 分 釐 毫均作為本戶全家人私有產業有耕種居住典賣轉讓贈與等完全自由任何人不得侵犯特給此証

縣長 <手写签名>

產房		地			土		
座落	東西亦街路兩 南門后丰東山		莊北四畝地	計			
	場	縣巷	厓地	開			
種類畝數				四	至	長寬尺度 附屬物	備考
間數							
地基畝數							
地基四至							
地基長寬尺度							
附屬物							
備考							

一九五一年十一月廿九日發

青岛市郊区国有土地使用证

1952年
青岛市博物馆藏

　　1952年山东省青岛市郊区国有土地使用证。该证为竖立格式，为繁体制式印刷体，证书内所填内容全部为毛笔蝇头小楷书写，字体工整俊秀。在证书的最上方为证书名称，由右到左为"国有土地使用证"七字。下方整个版面可分为三部分，全部为竖式格式文本框。最右边为文头部分，内容为大字体的竖立文字"山东省青岛市郊区国有土地使用证"，下方有统一编号。小字号文字内容为"本市浮山区田家村居民王梓本……依据中央人民政府政

务院公布城市郊区土地改革条例，第十七条……保障农民对该项土地的使用权……不得出租、出卖、赠与或荒废并遵守本市国有土地管理办法及其他章则，任何人不得侵犯，特给此证"。中间的方框部分为土地详细的登记内容，包括坐落位置、地基长宽面积、四至、地上物等。证书的最左边为落款时间，一九五二年一月十四日，加盖了方形朱印。从法律上赋予了使用人的相应权利。

王祥禄、李家新的山东省土地房产所有证

1952年2月1日
济南市博物馆藏

　　该证为竖立格式，在证书的最上方为证书名称，由右到左为"山东省土地房产所有证"，小字号文字内容为"长清县第四区仁和村居民王祥禄李氏家新，依据中国人民政治协商会议共同纲领第二十七条'保护农民已得土地所有权'之规定……有耕种居住典卖转让赠与等完全自由，任何人不得侵犯。特给此证"。从法律上赋予了所有人的相应权利，内容十分清楚。中间的大幅方框部分为土地房产详细的登记内容，包括坐落位置、亩数长宽、四至等，数据翔实，便于查询；左边为房产的登记情况，包括坐落位置、地基长宽面积、四至、附属物等。在证书的最左边为落款时间，一九五二年二月一日，加盖了方形朱印。

1959年11月开工修建的跋山水库工地现场

1960年跋山水库建设纪念章

1960年5月
临沂市博物馆藏

　　铜质，圆形。正面中心图案为绿色田地、方格水渠，田地上方为蓝色天空，有大坝横亘在两侧山坡间，大坝左侧有高塔矗立，中间有红旗飘扬，旗上有四字"跋山水库"。铜章上端作齿轮状纹样，下有麦穗环绕，中间有"1960"红色字样。铜章背面有"跋山水库建设指挥部"字样。

　　跋山水库，位于临沂市沂水县城西北15公里处，是沂河干流上的一座以防洪、灌溉为主，兼顾发电、养殖、旅游等综合利用的大型山区水库，为山东省第三大水库，被誉为"沂蒙母亲湖"。1959年10月动工兴建，1960年5月建成蓄水，控制流域面积1782平方公里。为修建跋山水库，沂水县响应党的号召，从全县26处公社及县直部门调集了近6万人开赴建坝工地，日夜奋战，历时不足一年初步修建完成。跋山水库工程竣工总结大会时，水库建设指挥部为施工建设人员颁发该纪念章。

山东省导沭整沂委员会
《关于第四期导沭工程方案》

1950年
山东博物馆藏

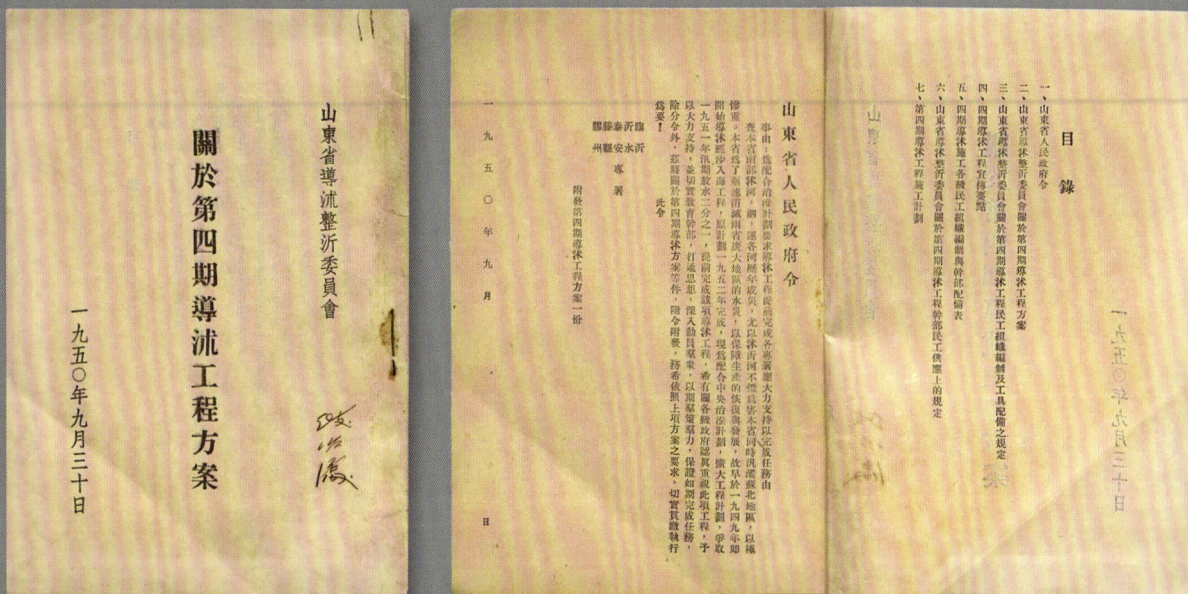

被水利部誉为"水利先锋"的导沭整沂工程是在1949年4月到1953年底，党和政府在临沂地区动员群众百万余人次，先后进行了10期疏导沭河、3期整治沂河的艰巨工程。百万建设者在数百里战线上筑堤打夯。施工期间到现场参观的中外专家，都在为解放战争还未结束、经济尚未恢复的艰难情况下，进行这样的伟大工程而钦佩，对用土车、扁担、铁锨、镐头、炸药等简单的劳动工具和器材，完成这样艰巨的工程而由衷地赞叹。山东人民用自己的双手和智慧，开山劈岭，移山搬水，创造了中国水利史上的伟大奇迹。导沭整沂工程极大地减少了鲁南苏北1450万土地常年严重的洪涝灾害，对沂沭地区摆脱贫困、发展经济产生了深远影响。导沭整沂工程是百万建设者的丰碑。

导沭整沂委员会颁发的"导沭整沂春季工程一等模范"纪念章

1951年
临沂市博物馆藏

　　铜质纪念章，中心有五角星，五角星上下分别有齿轮和麦穗，齿轮上方有文字"导沭整沂春季工程一等模范"，齿轮中间有数字"1951"。齿轮下方形框内有文字"导沭整沂委员会"。

　　导沭整沂工程是疏导沭河和整治沂河两项工程的简称。1946年鲁东南解放后，为根除沂、沭河水患之苦，中共中央华东局决心治理沂河、沭河。整个导沭整沂工程自1949年至1953年，历时5年，先后动员临沂、沂水、泰安、滕县、胶州、徐州6个专区37个县（市）民工114万人次，技术工人4500余人参加施工，共完成土石方4827万立方米（其中石方315万立方米），实用工日4255万个，共筑堤800余公里，挖河85公里，并建成沭河拦河坝、溢流堰、穿沭涵洞等各种建筑物53座，开支经费4500万元（1.5亿公斤小米折价）。

导沭整沂工程引河工地施工场景

🚩

山东省人民政府公布《山东省三十八年度新区农业税征收暂行办法》

1949年
山东博物馆藏

　　1949年5月18日，山东省人民政府根据发展生产、合理负担与简政便民的原则，公布了《山东省三十八年度新区农业税征收暂行办法》，办法规定：将田赋、公粮、柴草粮、乡村经费粮合并征收农业税。农业税以户为征收单位，以官亩（240杆丈为一官亩）折合负担亩（凡2年3季，平均年产量150斤者，为一负担亩），按人口计算负担。全年一次计算，分夏秋两季征收。农业税以小麦、谷子、豆子、高粱、玉米为主粮，其他作物折主粮征收。无劳动力的烈军家属、鳏寡孤独生活困难者，减征20%—50%；特殊困难者酌予多减或全部免征。荣誉军人及有5年以上斗争历史的复员军工人员等，再扣除半亩地免负担。从事农业生产的耕畜及种畜，每头减税15斤。遭受自然灾害及战区、边沿区的土地，酌情减免。

山東省三十八年度新區農業稅征收暫行辦法

第一章 總則

第一條：為保障軍民供給，爭取人民解放戰爭徹底勝利及各種建設，並舉辦農業生產事業與合理負擔之精神，製定本辦法。

第二條：本辦法農業稅以戶為單位，田賦與各種附加一律取消，凡一切簡政便民等各種公糧，並將農業生產事業與合理負擔之精神，製定本辦法。

第三條：凡為本年開始輪列山宅完畝戶、景年二十四斤景本年景季耕地－－

第四條：凡為保衛農業生產與計算折分總產量時應根據實情，量分地類情形量。

第五條：調整，左、左、左調折分如：河堤、溝渠、坟場、墳頭、道路、水坑河身、墓地、草堰等無收益之土地。

第六條：凡在本年一合，前開開墾土地一律免征，三年不得加計算地畝。

第七條：凡完足三年以上者，免負擔一年。

第八條：凡完二年以上者，免負擔三年。

第九條：本農權但本稍議款土宜菜新開墾土地，可根據新耕地勞力結合——

第十九條：本農權即菜荒地，按其四鄉地級評——

第二章 人口計算

第十一條：凡所有農業人口，不分男女老幼，均作其家中負擔人口。

第十二條：凡參加人民解放軍之新解放區官兵，有一定證明（文件者）脫離生產供給制之革命工作人員，到前線服務之民兵、榮譽軍人、復員後因傷口復發而病故者，及在人民解放戰爭中犧牲或因勞成疾病故者，榮譽軍人復員後因傷口復發而病故者，得離開其家中人口計算之。

第十三條：凡有在堅持區種種農業之居外僑民，暫時出逃之居民外僑家屬及家工作者，及城外商人金列情形、一般小販作者、經濟地主及城外商人等，及家工資中負擔人口計算之。

第十四條：凡有植作之漁人及商人，及其他常以軍工薪左絡清年工薪支薪者，不均依之子工商業者，不收之之現情形響——

第十五條：凡其他常以軍工工薪年左絡清年工商業者，到前線服務之工商業者，為大家所公認者。

第三章 稅率

第十六條：農業稅之稅率包括公糧、田賦糧、柴草糧、鄉村經費糧按實徵數百分之十三提取）以市秤為標準（一公斤二市斤），鄉村經費糧按各戶每人年均折成之頁擔畝數，以下列稅率計算：

每人平均地畝數	每畝稅率
八 分 以 下 者	免負擔
0.80 —— 1.00	5斤
1.01 —— 1.20	8斤
1.21 —— 1.40	11斤
1.41 —— 1.60	14斤
1.61 —— 1.80	17斤
1.81 —— 2.00	20斤
2.01 —— 2.40	24斤
2.41 —— 2.80	28斤
2.81 —— 3.20	32斤
3.21 —— 3.60	36斤
3.61 —— 4.40	40斤
4.41 —— 5.20	44斤
5.21 —— 6.00	48斤
6.01 —— 7.00	52斤
7.01 —— 8.00	56斤
8.01 —— 10.00	60斤
10.01 —— 12.00	65斤
12.01 以 上 者	70斤

第十七條：繳納農業稅以小麥、穀子、高粱、玉米、豆子等為主糧，斤頃不折扣，其他農作物折主糧徵收，由各行署、直屬專——其他農作物之徵收比例與折扣，以與田賦率相抵徵收，不屬於比例徵收地區，可見實種麥田徵收，其具體辦法，由各行署（直屬專

夏宏典

1909—1997

山东福山人，中共党员，曾任西口村党支部书记等职。在全国农业互助合作化运动中，领导曙光渔业生产合作社成为全国先进典型。1951年在烟台市成立了第一个渔业生产互助组——夏宏典互助组。1954年组织成立了烟台市第一个渔业生产合作社——曙光渔业生产合作社。1957年试养海带成功，受到山东省委财贸工作部通报表扬。1957年被山东省委、省政府授予劳动模范称号。1958年2月参加全国水产工作会议，得到了中华人民共和国水产部的表彰。

烟台市人民政府奖给西口村夏宏典 互助组的奖状

1953年1月8日
烟台市博物馆藏

烟台市人民政府奖状（字第十四号），奖给"第四区西口村夏宏典互助组全体同志"，内容是"在一九五二年渔业生产中，积极努力，发扬了爱国主义精神，获得显著成绩，创造了丰富经验，特颁发奖状以资鼓励！此状。市长刘乃殿，公历一九五三年一月八日"。

此奖状见证了夏宏典带领互助组为烟台市乃至全省、全国水产工作作出的积极贡献，也见证了我国水产事业的发展。

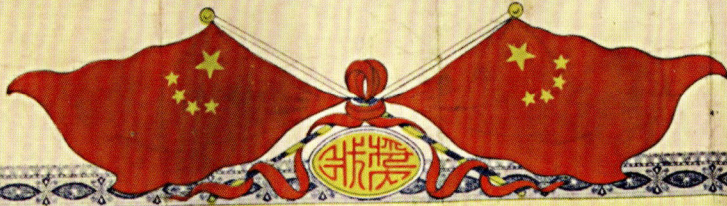

烟台市人民政府奖状

字第十四号

第四区西口村夏发典互助组全体同志

在一九五二年渔业生产中，积极努力，发扬了爱国主义精神，获得显著成绩，创造了丰富经验，特颁发奖状以资鼓励！

此状

市长 刘乃殿

公历一九五三年一月八日

全国著名劳动模范、被群众称为"走互助合作道路的带头人"的吕鸿宾，于1951年创办山东全省第一个农业生产合作社，还创立了一系列劳动管理制度和收益分配经验，在全国产生很大示范效应。图为吕鸿宾（左一）向社员征求农活定额意见。

1951年8月24日，莘县董杜庄劳模曾广福互助组进行棉花插标选种。

邹玉英的广饶县合作社社员证

1954年
东营市历史博物馆藏

中华人民共和国成立后，我国普遍实行了合作化道路，在城镇和乡村组织成立了供销合作社、信用合作社等一系列合作社。此证为广饶县合作社社员证，是1954年颁发给邹家村村民邹玉英的，是广饶县合作社发展的见证。

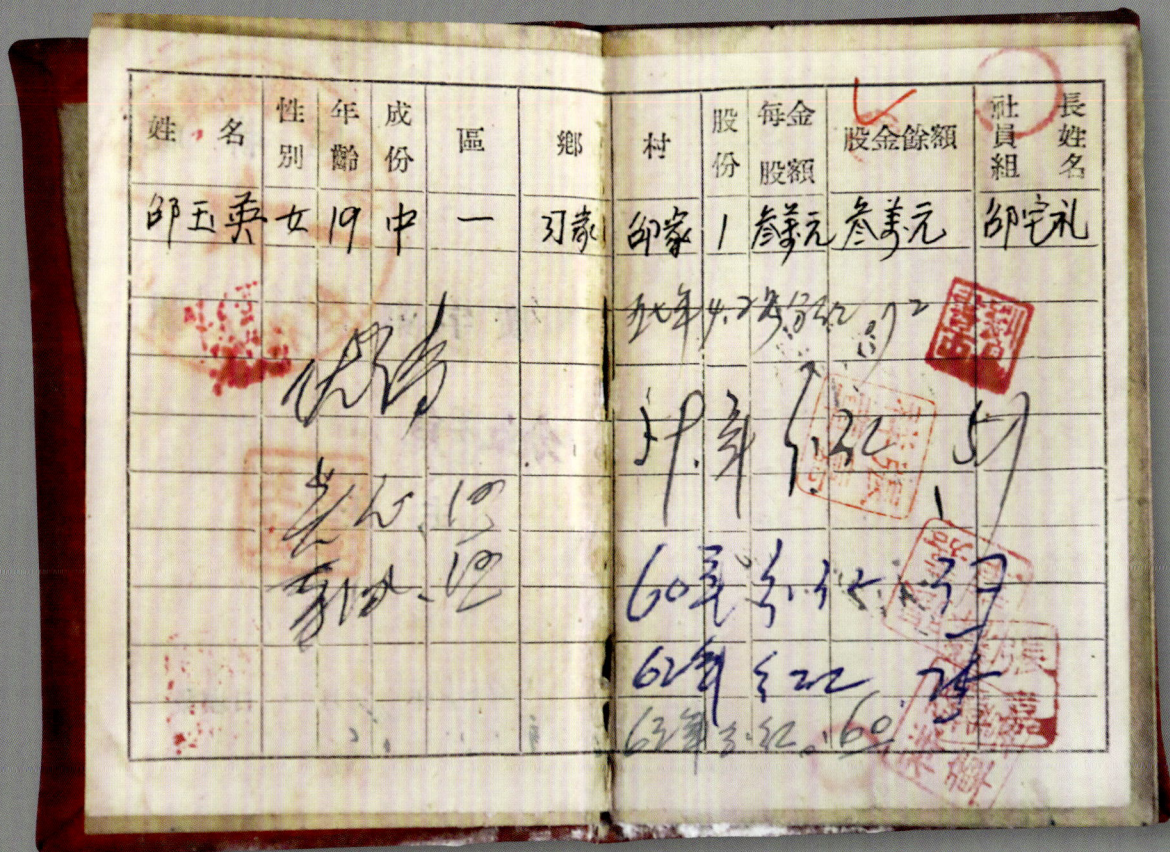

昌潍地委作《地委关于合作化运动的初步总结和整顿巩固合作社的意见（草稿）》

1955年
淄博市博物馆藏

南博山公社刘家台大队刘学政捐赠给淄博市博物馆。

1955年8月，山东省委召开县、区委书记会议传达《关于农业合作化问题》后，昌潍地委作此《地委关于合作化运动的初步总结和整顿巩固合作社的意见（草稿）》，内容分为五个部分：合作化运动发展情况与估价、运动中存在的问题、关于整顿巩固合作社的措施、关于农业生产的规划问题、工作安排与领导问题。

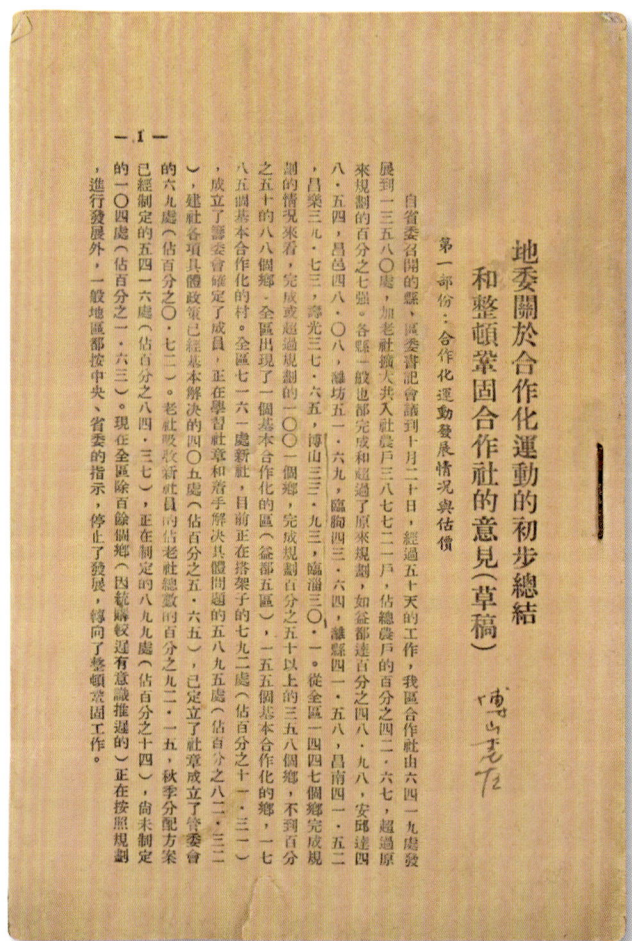

林业部奖给林业模范单位新太（泰）县黄花岭乡第一农业社的锦旗

1957年2月
新泰市档案馆藏

锦旗以绿色丝绸做底。其内容为："奖给林业模范单位 新太（泰）县黄花岭乡第一农业社，大力开展林业建设，为十二年绿化祖国而奋斗！"落款为中华人民共和国林业部，一九五七年二月。1956年3月党中央提出"绿化祖国"的号召，全国各地不断掀起植树造林的高潮。黄花岭乡积极响应，全民动员男女老少齐上阵，绿化荒山荒地取得显著成绩，获得中华人民共和国林业部的奖励和奖旗。

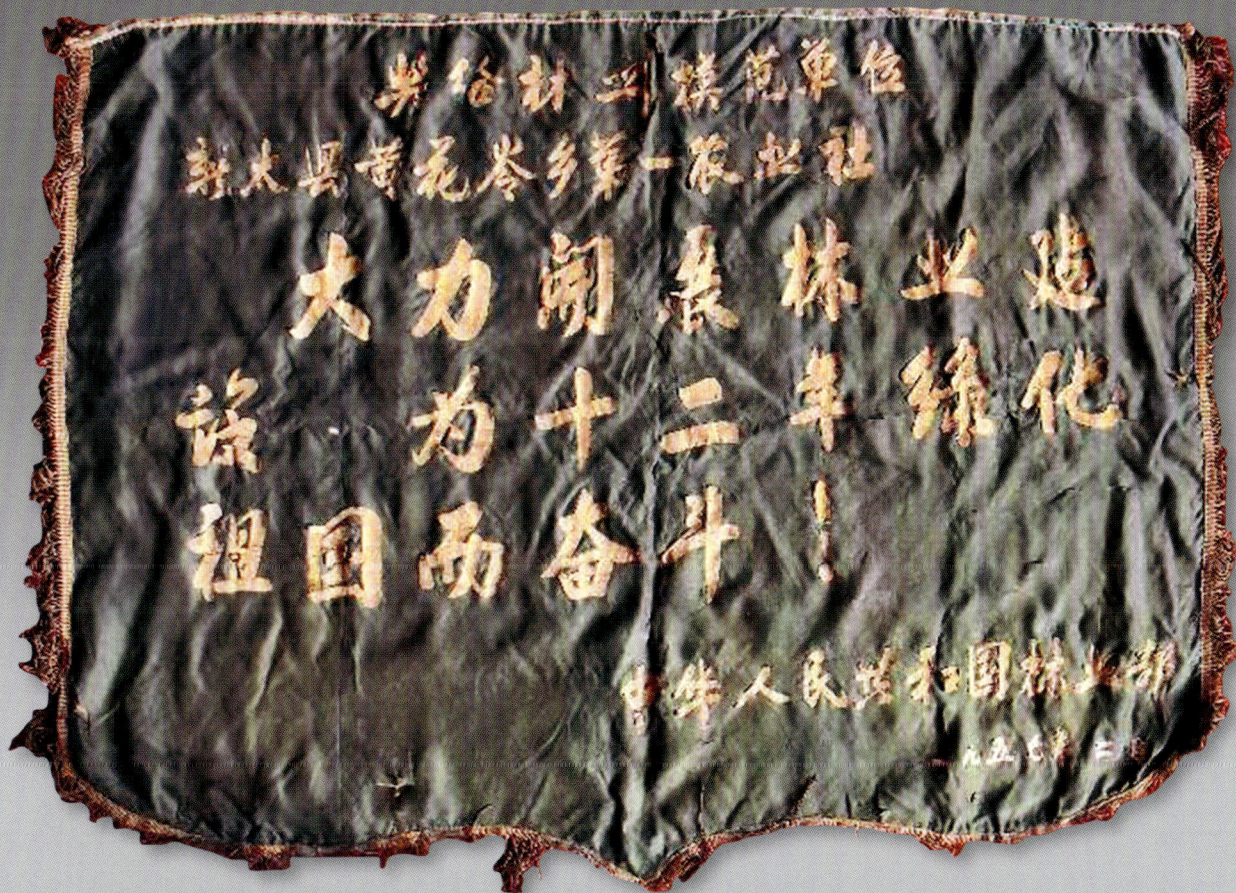

林业部奖给黄花岭乡 第一农业社的奖状

1957年
新泰市档案馆藏

背面印有"奖状第023号"。其内容为"黄花岭乡第一农业社在一九五六年造林工作中成绩优良，经评为林业模范单位，特此颁发奖状，望继续努力为绿化祖国开展林业建设争取更大的成绩而奋斗"，落款为部长梁希，一九五七年七月二十六日。

全国农业社会主义建设先进单位代表会议纪念章、纪念册

1958年
邹平市文物保护中心（邹平市博物馆）藏

1958年12月25日，全国农业社会主义建设先进单位代表会议在北京召开，向与会代表颁发了银质纪念章和纪念册。纪念章主章整体呈五角星形状，正面主纹饰为四名骑兵在红旗下策马飞奔，奔马下方为绶带包裹的四个麦穗，象征农业丰收；背面中间阴刻"全国农业社会主义建设先进单位代表会议1958"字样，上方为"北京金店1958"长方形钢印，下方为该纪念章的编号"3782"。纪念章配有纪念册，纪念册封面彩印有"全国农业社会主义建设先进单位代表会议纪念册"，底部印"1958.12"。

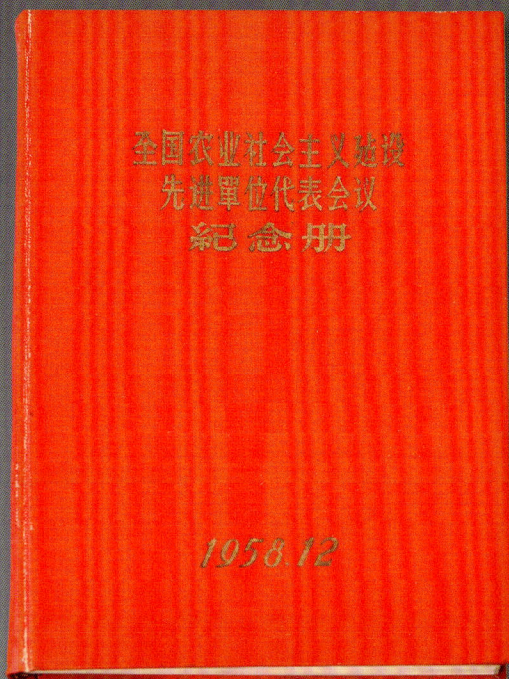

1951年10月东明县根据《中共中央关于农业生产互助合作的决议（草案）》，号召全县农民走互助合作的道路。1954年全县互助发展到9306个，48464户，其中常年互助组占52%。1956年春，建立了18个高级农业生产合作社。是年5月，全县高级农业生产合作社猛增到191个。1957年全县高级农业生产合作社发展到306个。1958年4月，又将306个社合并为72个社。互助合作社的经营方式，解决了当时广大农民生产工具短缺的瓶颈，促进了农业生产的发展。至此，全县农村的生产资料由私有制转变为社会主义集体所有制。

"东明县燎原第八农业生产合作社里长营乡"印章

20世纪50年代
东明县博物馆（东明县文物保护中心）藏

木质，印章为椭圆形，繁体楷书横排阳刻（朱文印），印文为"东明县燎原第八农业生产合作社里长营乡"。

"东明县红光第二农业生产合作社三春集乡"印章

1952年
东明县博物馆（东明县文物保护中心）藏

木质，印章为圆形，楷书横排阳刻（朱文印），印文为"东明县红光第二农业生产合作社三春集乡"。

泰安县土地改革委员会印

20世纪50年代
泰安市博物馆藏

　　木质，政府印章。1946年5月4日，中共中央发出《关于清算减租及土地问题的指示》，将党在抗战时期实行减租减息的土地政策改为"采取适当方法"将地主的土地转移到农民手中的政策。1947年9月全国土地会议又通过了《中国土地法大纲》。1946年下半年，泰安县按照中共中央发布《关于清算减租及土地问题的指示》（即五四指示），在解放区内开展了土地改革。1947年又通过土改复查、贯彻《中国土地法大纲》等，推动土改深入发展，使老区、半老区的广大贫苦农民获得了土地，从政治上经济上翻了身，对于推翻封建统治，激发广大农民参军支前热情，夺取解放战争胜利，起了极为重要的作用。

　　1950年8月，泰安县成立了土地委员会，充实了各级农委会，训练了大批土改干部，进行了重点试验，获得了点面结合与推广的经验。1951年11月，全县土地改革运动胜利完成。

菏泽地区《土改分土地财产清册》

1949年
东明县博物馆（东明县文物保护中心）藏

该清册记述了中华人民共和国成立后，菏泽地区村政府实施土改运动中土地、房屋等的具体分配方案。土地改革推翻了两千多年来的封建剥削制度，真正实现了农民数千年来得到土地的奋斗目标，使农民真正从经济上翻身做了主人，从而最深入、最广泛地调动了农民群众的革命和建设的积极性。

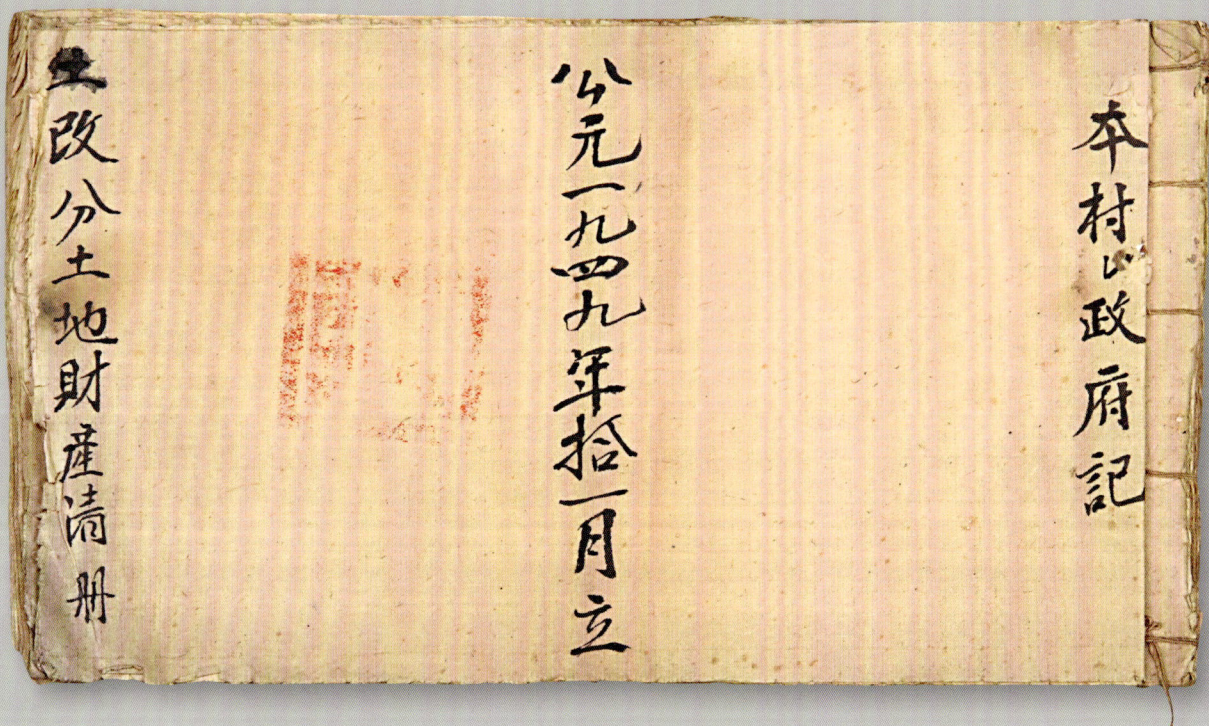

《中共德州地委关于三个"三定大包干"
分配办法的典型材料的批示 》

社会主义建设时期
德州市博物馆藏

内容主要是从全区十二个调查材料中挑选整理出来的三个关于"三定大包干"的典型材料，作为进一步调查研究的参考，并提出四个方面的问题等。"三定大包干"是在现有生产力水平的条件下，调整公社内部的生产关系，调动社员集体生产积极性的基本措施。

总 号 (61)0051

中共德州地委文件

中共德州地委关于三个"三定大包干" 分配办法的典型材料的批示

各县(市)委、公社党委，并报省委：

这里印的三个关于"三定大包干"的典型材料，是从全区十二个调查材料中挑选整理出来的。现转发给你们，作为进一步调查研究的参考。

从这些材料中，初步看出四个方面的问题：

（一）

这些材料証明："三定大包干"是在现有生产力水平的条件下，调整公社内部的生产关系，调动社员集体生产积极性的基本措施。

鐵匠庄大队，在适当调整和稳定大队、生产队规模之后，在分配问题上，改"三包一奖"（三包以内之实物、现金，由大队统一分配）为"三包两定"（粮食包干，现金大队统一分配），再由"三包两定"改为"三定大包干"（实物、现金全部包干）的过程，是全区执行"十二条""六十条"，调整公社内部关系过程的縮影。三、四月間，全区调整了队的規模之后，夏收分配执行了"三包一奖"，夏种前推行了秋季分配的"三包两定"（由于七、八月遭到连續的涝灾，没有全面推开），十天卽完成了夏播計划。秋种前全面推行了明年麦季分配的"三包两定"，全区又在严重的涝灾情况下，提前超额完成了小麦播种計划。到了秋收分配时，全区7,336个大队就出现了三种分配形式：保留"三包一奖"的3,390个队，占46.21%；"三包两定"的2,789个队，占38.02%；实行"三定大包干"的1,157个队，占15.77%。这1157个大队，是自发的冒出来的，过去被队为是不合法的，然而它們絕大多數都是群众集體生产积极性很高的队。从典型材料和全区的情况来看，特别是从它們的实际效果和群众的要求来看，"三定大包干"是在当前现有生产力水平的条件下，调整公

— 1 —

129

青岛生建机械厂试制6000千瓦汽轮发电机
加工零部件照片

1958年
青岛市博物馆藏

1958年青岛生建机械厂试制6000千瓦汽轮发电机的场景照片。由于工厂缺少大型设备，工人们采取了多种土办法进行加工，照片为使用牛头铣床，将定子设法固定在床外进行加工的情况，不断尝试蚂蚁啃骨头的方法，完成了精密加工的任务。1958年12月25日，青岛生建机械厂试制成功青岛市自制第一台6000千瓦汽轮发电机。12月29日，青岛汽轮机厂试制成功1500千瓦汽轮机。1959年1月17日青岛市组织大协作制造的山东省第一台6000千瓦汽轮发电机组，在青岛发电厂安装竣工发电。

青岛生建机械厂试制成功组合转子
6000千瓦汽轮发电机的照片

1958年
青岛市博物馆藏

1958年青岛生建机械厂进行发电机转子加工情况的照片。1958年，青岛生建机械厂开始投产中小型直流电动机、发电机等电工产品。该厂职工发扬敢想敢说敢做的创造精神，克服设备条件不足，因陋就简，于当年12月25日，试制成功了青岛市第一台组合转子6000千瓦汽轮发电机，填补了国内一项空白，打开了只能制造小型电动机的局面，翌年1月17日，该汽轮发电机在青岛发电厂安装竣工发电。

李文辉

1933—

出生于山东潍坊，1949 年 3 月参军，历任南空飞行独立大队副大队长、飞行团副团长。曾参加 1959 年 10 月 1 日国庆阅兵，驾机飞过天安门上空。

1968 年李文辉受命驾驶轰-5 飞机空投氢弹。1968 年 12 月 27 日 11 时，罗布泊晴空万里，随着指挥员一声令下，远方升起了美丽的蘑菇云，全体工作人员顿时沸腾，欢呼雀跃！空军史上第一次使用轻型轰炸机空投氢弹的试飞任务圆满成功。"李文辉机组"被中央军委授予集体一等功。

执行轻型轰炸机第一次空投氢弹任务的李文辉使用的飞行夹

1972年
潍坊市博物馆藏

李文辉是中华人民共和国执行轻型轰炸机第一次空投氢弹任务的飞行员之一，此飞行夹是其执行飞行任务随身携带使用的物品。外包皮革，有机玻璃质。内含导航图5件、飞行标尺1件、铅笔4支、橡皮1件、五角星1件。

汽车安全行驶十万公里奖章

20世纪50年代
青岛道路交通博物馆藏

　　20世纪50年代至70年代，是我国道路交通行业艰苦创业不断发展的岁月。社会主义改造基本完成以后，道路交通开始转入全面的大规模的社会主义建设。道路交通业的职工以"全心全意为人民服务"为宗旨，真诚服务人民群众，当好国民经济发展的"先行官"。汽车安全行驶十万公里奖章来自这个时期。

1960年，济南汽车制造厂第一批黄河牌重型汽车出厂，结束了我国不能生产重型汽车的历史。

纺织工业部决定将中国青岛纺织建设公司改组为华东纺织管理局青岛分局的通知

1950年
青岛市博物馆藏

青岛纺织业发端于1902年，是青岛市的母亲工业和中国最早的纺织工业之一。1946年1月2日，中国纺织建设公司青岛分公司成立。该公司是在抗日战争即将取得胜利的背景下，由国民党政府行政院院长宋子文提议而建。1949年6月2日青岛解放，青岛市军事管制委员会接管中纺青岛分公司。此时，青岛纺织业仅国营企业规模就居全国第二，仅次于上海。1951年，中纺公司青岛分公司更名为华东纺织管理局青岛分局，以"中纺"命名的各棉纺织厂也随之改称国营青岛第一至第八棉纺织厂，印染厂和针织厂亦改称国营青岛印染厂和国营青岛针织厂。此时，青岛分局所属国营企业19家、私营480家。

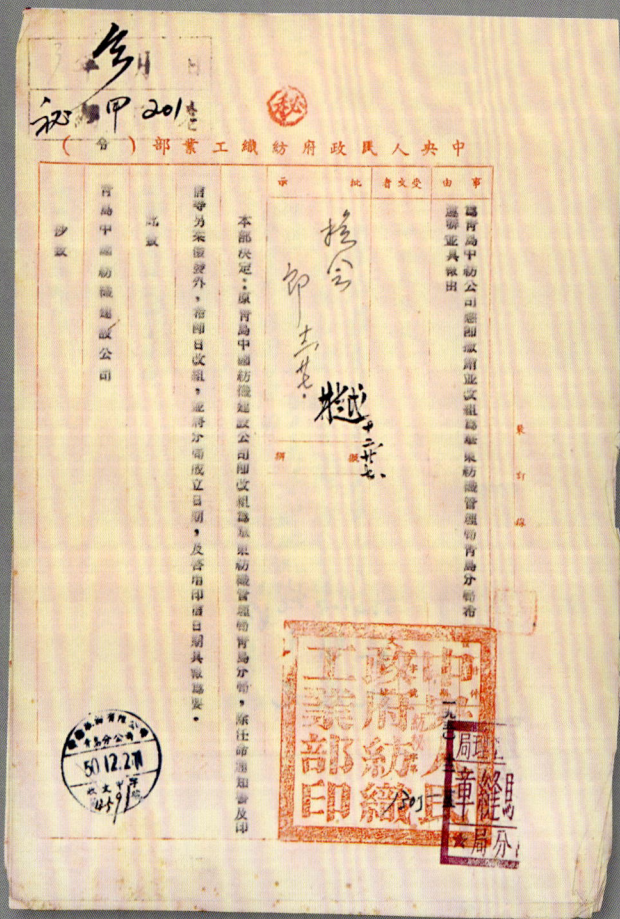

郝建秀

1935—

　　山东青岛人。1949年青岛国棉六厂工人。郝建秀在中华人民共和国成立初期逐渐摸索出改进整个纺织业技术的"细纱工作法"，大幅提高了产量。1951年郝建秀被授予全国工业劳动模范称号，全国纺织总工会专门组成研究会总结命名并推广了"郝建秀工作法"。其基本精神是：巡回有规律，合理地计划与组织自己的劳动，积极做好清洁工作，变被动为主动。其完全符合纺织生产机械化、自动化和手工操作高度结合，以及挡车工看台多的特点，相应减轻了值车劳动强度，改变了机器支配人的工作状态。"郝建秀工作法"对青岛及全国的纺织工业发展起到了推动作用。

中国纺织工会全国委员会授予郝建秀的锦旗

1951年
青岛市博物馆藏

　　红绸锦旗。1951年，青岛国棉六厂工人郝建秀创造了一套科学的细纱工作法——"郝建秀工作法"，被推广到全国，为全国带来巨大的经济效益。这是中国纺织工会全国委员会授予她的奖旗。奖旗内容为"奖先进工作者郝建秀同志，发挥工人阶级的创造性和积极性，推动人民纺织工业胜利前进！中国纺织工会全国委员会，一九五一年八月"。

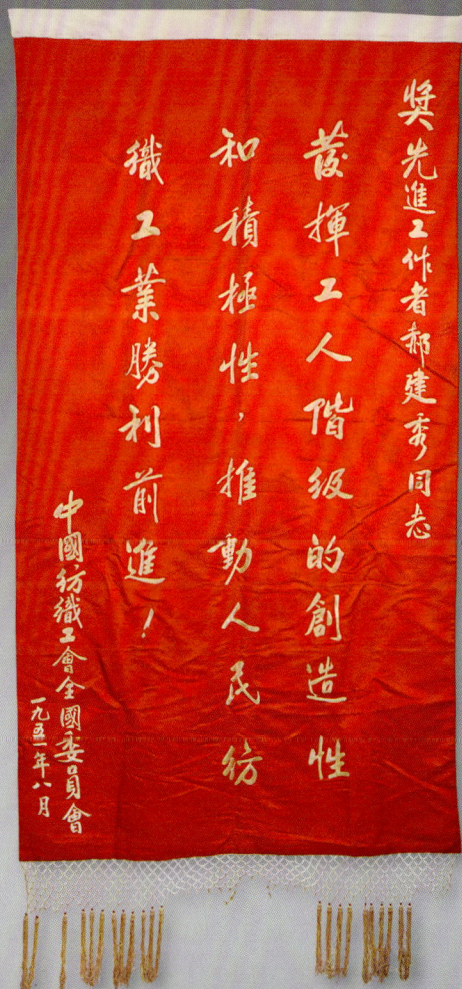

奖先进工作者郝建秀同志 发挥工人阶级的創造性和積極性，推動人民紡織工業勝利前進！ 中國紡織工會全國委員會 一九五一年八月

青岛国棉六厂郝建秀及纺二甲班车间
全体工友写给毛主席的信

20世纪50年代
山东博物馆藏

抗美援朝时期青岛国棉六厂郝建秀及纺二甲班车间全体工友写给毛主席的信。毛笔字书写于华东纺织管理局青岛分局国营青岛第六棉纺织厂用纸上，共三页。写信时间为9月20日，具体年代未明。落款处是郝建秀及全体工友共40人的手写签名。

信写在当年国庆节来临之际，郝建秀车间全体工人在信中向毛主席汇报青岛国棉六厂在解放后实行工会代表民主管理，工人享受各项补助待遇、福利和生活设施，享有学习文化和政治权利的新面貌，对于党和国家对工人阶级的重视和爱护，表达对毛主席的无限感激和爱戴之情，展现了广大纺织职工的劳动热情和生产积极性。信中还重点提到为在生产战线支援抗美援朝运动，青岛国棉六厂掀起爱国生产竞赛，并积极响应全国纺织工会主席陈少敏关于广泛学习推广"郝建秀工作法"的号召，开展"消减坏纱"运动，提高了棉纱的生产质量和生产效率。这封信展现了中华人民共和国成立后山东纺织工人生产斗志昂扬的精神面貌。"郝建秀工作法"是中华人民共和国成立后纺织工业战线上的一面旗帜，推动了全国纺织技术的提高，促进了纺织生产的发展，为中华人民共和国的纺织工业作出了巨大贡献。

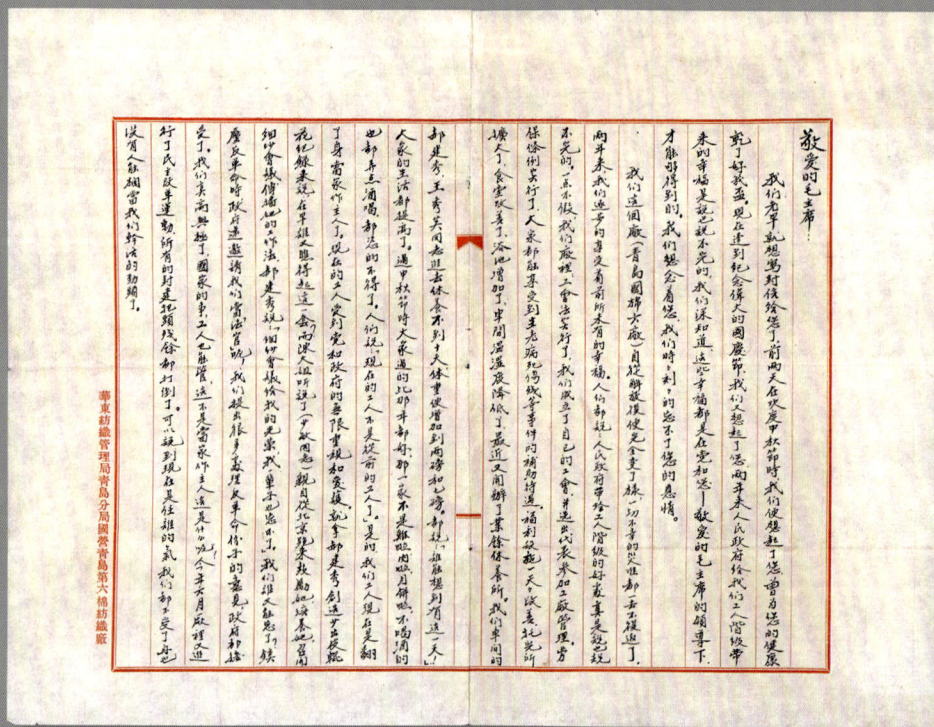

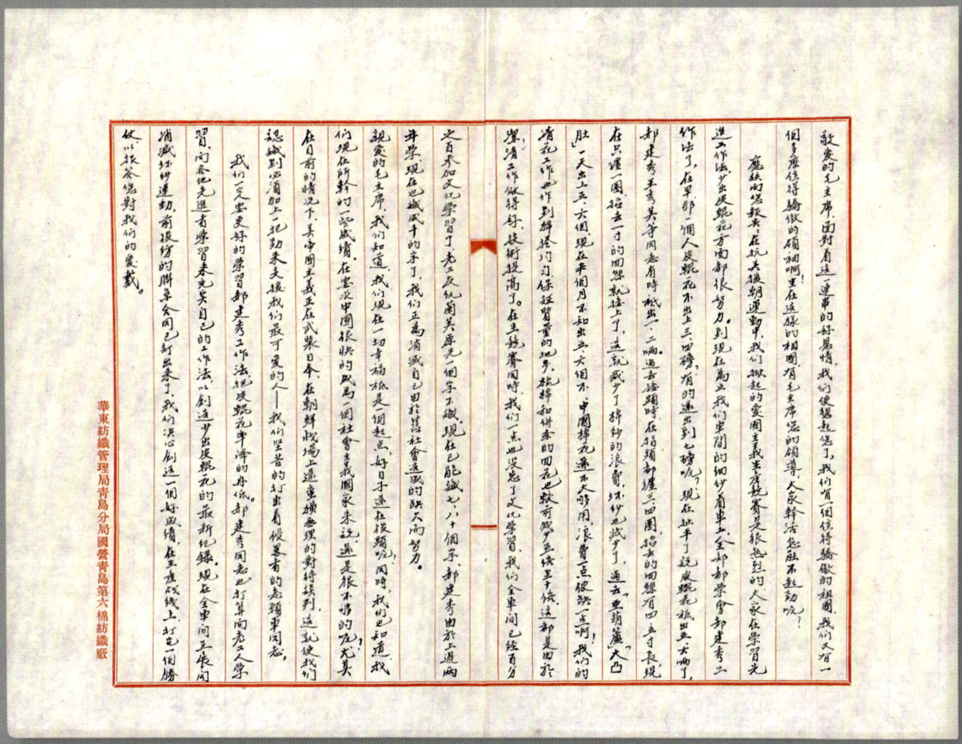

敬爱的毛主席，面对着这一连串的好消息，我们便想起您了，我们有一个值得骄傲的祖国，我们又有一个多么值得骄傲的领袖啊！生在这样的祖国，有毛主席您的领导，大家干活怎能不起劲呢？

庞然的喜报来，在抗美援朝运动中，我们掀起的爱国主义生产竞赛是很热烈的，大家在学习先进工作法，少出皮辊花方面都很努力。到现在为止我们车间的细纱看车工全部都学会郝建秀工作法了，在早那一个人皮辊花不出三、四磅，有的还出到七磅呢，现在扯平了说皮辊花祇出五、六两了，郝建秀、王秀英等同志有时祇出一、二两。过去接头时，在掐头都缠三、四圈，掐去的回丝有四、五寸长，现在只缠一圈，掐去一寸的回丝就接上了，这就减少了棉纱的浪费，坏纱也减少了。过去"要葫芦""大凸肚"一天出上五、六个，现在半个月不知出五、六个不。中国棉花还不大够用，浪费一点很缺一点啊！我们的清花工作也作到棉卷均匀，保证质量的地步，梳棉和并条的回花也较前减少五倍至十倍，这都是由于清洁工作做得好，技术提高了。在生产竞赛同时，我们一点也没忘了文化学习，我们全车间已经百分之百参加文化学习了，老工友们有些原先一个字不识，现在已能识七、八十个字，郝建秀由于上过两年学，现在也识成千的字了，我们正为消灭自己由于旧社会造成的缺点而努力。

亲爱的毛主席，我们知道，我们现在一切幸福祇是一个起点，好日子还在后头呢，同时，我们也知道我们现在所干的一些成绩，在要求中国很快的成为一个社会主义国家来说，还是很不够的呢，尤其在目前的情况下，美帝国主义正在武装日本，在朝鲜战场上还蛮横无理的对待谈判，这就使我们认识到必须加上一把劲来支援我们最可爱的人——我们坚普的打击着侵略者的志愿军同志。

我们一定要更好的学习郝建秀工作法，把皮辊花率降的再低。郝建秀同志也打算向老工人学习，向各地先进者学习来充实自己的工作法，以创造少出皮辊花的最新纪录。现在全车间正展开消灭坏纱运动，前后纺的联系合同已订出来了，我们决心创造一个好成绩，在生产战线上打它一个胜仗，以报答您对我们的爱戴。

華東紡織管理局青島分局國營青島第六棉紡織廠

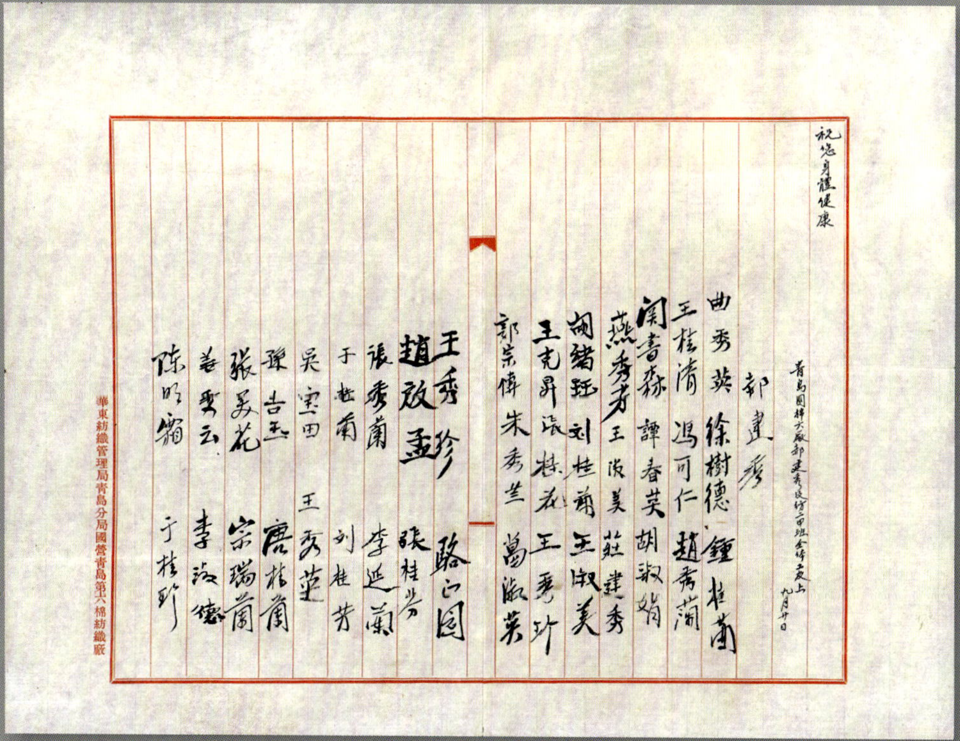

祝您身体健康

青岛国棉六厂郝建秀细纱二甲班全体工友上
九月廿日

郝建秀
曲秀英 徐树德、钟桂兰
王桂清 冯可仁 赵秀兰
闫书森 谭春英 胡淑娟
燕秀芳 王淑美 庄建秀
胡绪珏 刘桂兰 王淑美
王克昇 张桂花 王秀珍
郭宗杰 朱秀芝 葛淑荣
王秀珍 路□园
赵启孟 张桂芳
张秀兰 李延兰
于世兰 刘桂芳
吴宝田 王秀芝
孙吉玉 唐桂兰
张美花 宋瑞兰
姜雪云 李政德
陈明霜 于桂珍

華東紡織管理局青島分局國營青島第六棉紡織廠

团中央奖励郝建秀的奖章和证书

1953—1955年

青岛市博物馆藏

郝建秀本人捐赠的一组奖章和证书。其中一枚团中央奖励奖章为五边形，下面有"青年社会主义建设积极分子章"字样，背面有字"全国青年社会主义建设积极分子大会，1955，第0462号"；另一件青年社会主义建设积极分子章证明书，封面图案与奖章的图案相同。中国新民主主义青年团决定颁发的青年社会主义建设积极分子章，授予1953年以来在各个战线上取得优异成绩的青年社会主义建设者和祖国保卫者。

中央人民政府纺织工业部、
中国纺织工会全国委员会奖给
郝建秀小组的锦旗

1953年
青岛市博物馆藏

红绸锦旗。1953年8月中央人民政府纺织工业部、中国纺织工会全国委员会奖给国营青岛第六棉纺织厂郝建秀小组的奖旗。锦旗内容是"永远发挥火车头的作用"。落款为中央人民政府纺织工业部、中国纺织工会全国委员会。

郝建秀出席第一届全国人民代表大会第一次会议的出席证

1954年
青岛市博物馆藏

　　第一届全国人民代表大会第一次会议于1954年9月15日至9月28日在北京召开，此次会议的召开，标志着人民代表大会制度作为中华人民共和国根本政治制度的正式确立。当时18岁的郝建秀作为代表出席了会议。

1952年，中国纺织工会主席陈少敏在青岛国棉六厂总结"郝建秀工作法"。

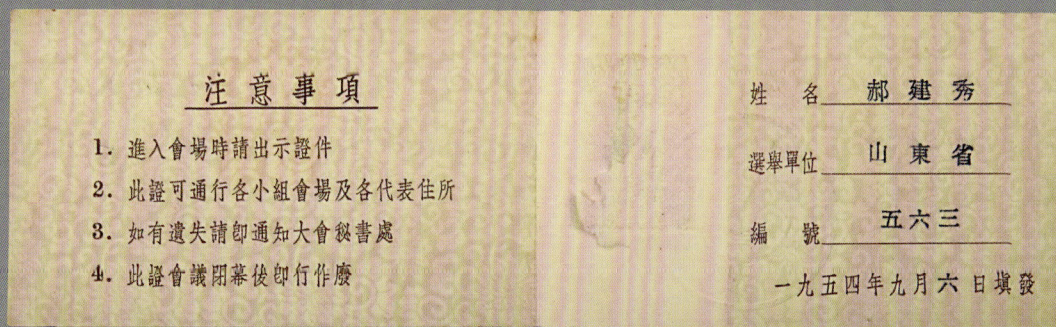

中華人民共和國第一屆全國人民代表大會第一次會議

出　席　證

注意事項

1. 進入會場時請出示證件
2. 此證可通行各小組會場及各代表住所
3. 如有遺失請即通知大會秘書處
4. 此證會議閉幕後即行作廢

姓　名　郝建秀

選舉單位　山東省

編　號　五六三

一九五四年九月六日填發

郝建秀小组代表牟秀美出席
国庆十周年观礼证

1959年
青岛市博物馆藏

　　郝建秀小组代表牟秀美出席庆祝中华人民共
和国成立十周年的观礼证（座位编号西7台第0115
号）。1952年郝建秀所在的国棉六厂细纱生产二组
被命名为"郝建秀小组"。"郝建秀小组"凭着拼
搏创新、无私奉献的火车头精神，创造了一个又一
个优异成绩，为青岛及全国的纺织工业发展起到了
推动作用。牟秀美，1960年5月至1971年5月担任
"郝建秀小组"第二任组长，曾荣获"青岛市社会
主义建设先进生产者"等荣誉称号，并于1971年当
选为中共山东省委第四届委员会委员，1973年当选
为中共青岛市党的核心领导小组成员和中共青岛市
委常委。1978年出席了纺织工业部召开的工业学大
庆劳模大会，当选党的十大、十一大代表。

青岛华新纱厂庆祝三班改制及合理化建议授奖大会照片

1952年
青岛市博物馆藏

　　该照片展现了青岛华新纱厂庆祝三班改制及合理化建议授奖大会，其中工会主席李起正向全厂职工工作报告。青岛早期棉纺织业为手工操作，劳动效率低，强度大。随着机器纺织业的兴起，纺织生产在工作管理上使用了三班倒，提升了工作效率、减轻了工人的工作强度。

　　1951年3月，济南地区的纺织企业率先改两班制为三班制，工作时间由12小时改为8小时（包括班中半小时吃饭时间）。青岛地区于1952年8月也改为三班制，工作时间由原来的10小时改为8小时。其他各地市纺织企业也相继改为每天3班8小时工作制。随着社会主义事业的发展，山东纺织工业广大职工为了支援国家建设和出口贸易，常年昼夜倒班、轮班生产，特别是运转工人（90%以上系女职工）劳动强度仍然很大，她们发扬了艰苦奋斗的革命精神，为国家作出了重要贡献。

《青岛日报》关于青岛第一棉纺织厂改三班的报道照片

1952年
青岛市博物馆藏

发表于1952年《青岛日报》的一篇报道，题为《国棉一厂改三班后呈现新气象 职工劳动热情空前高涨 大部分车间突破了两班时的总生产量》。据报道，工人在中国共产党领导下，结束了日本帝国主义和国民党统治时期的悲惨历史，工作热情高涨。在新的三班倒的工作制度下，各小组制定新的工作计划、生产指标，并积极开展批评和自我批评，查找工作中的不足，向典型小组学习，生产量不断创新高。另外，报道中也提到了三班倒的工作制度是生产改革的重大事件，推进过程中也遇到了一些问题，比如领导缺乏经验、工资分配和交接班制度还不完善，这些都在不断完善中。

《青岛日报》刊载国棉六厂王彩凤先进事迹剪报的照片

1952年
青岛市博物馆藏

1952年《青岛日报》刊载了青岛国棉六厂工会副主席王彩凤代表全厂工人参加了青岛市第五届代表会议，反映了在国民经济恢复和初步发展时期，为实现国家的社会主义工业化，工人积极的工作面貌。据报纸照片内容记载，王彩凤时值26岁，工龄14年。1950年开始担任细纱车间生产组长，带头学习与改进新的生产工作方法"生头法"。在"红五月"生产竞赛时期，其所在车间斩获头衔。

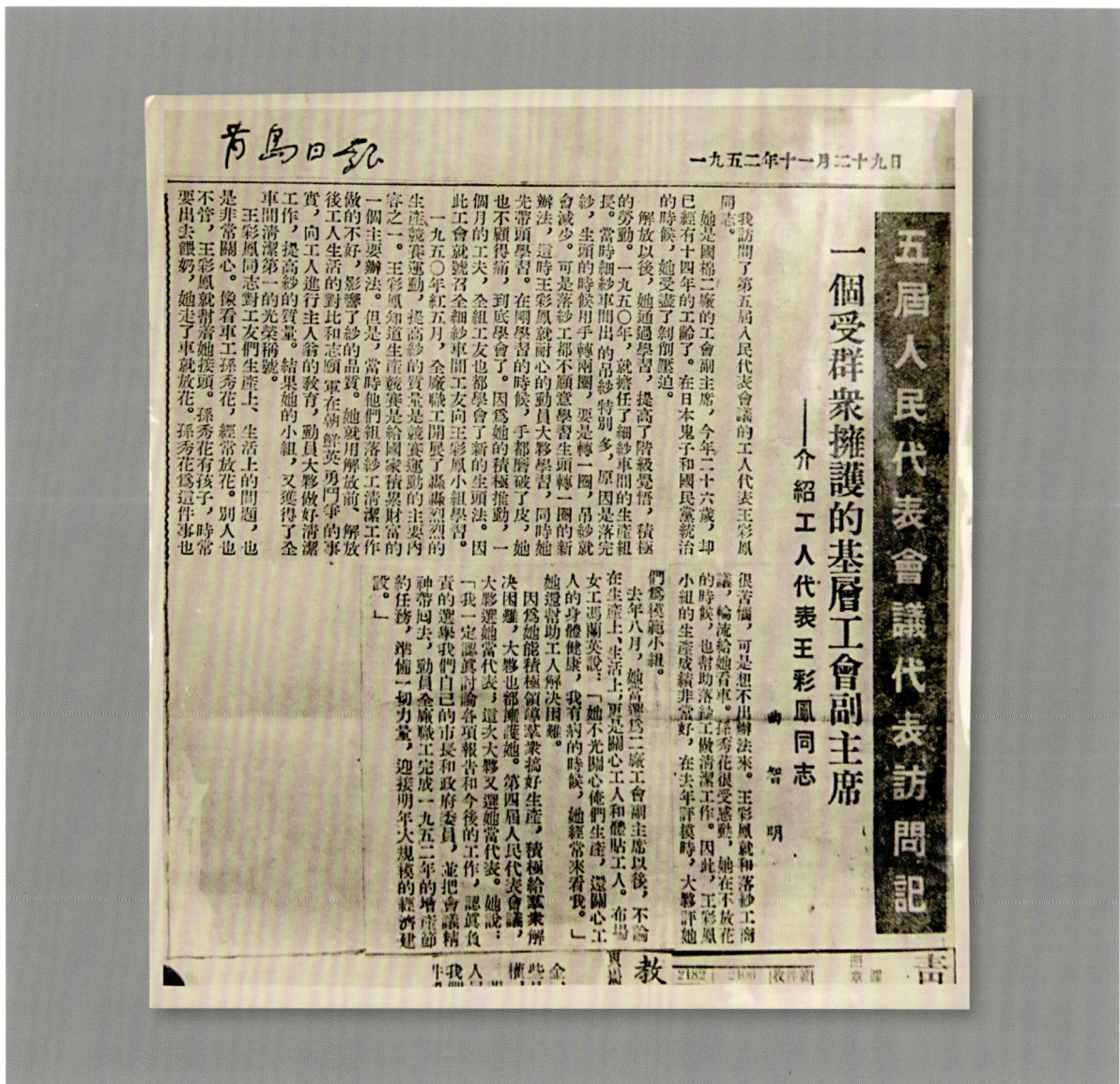

青岛国棉八厂女工卫生室的设立及其活动照片

1954年
青岛市博物馆藏

　　此组照片反映了青岛国棉八厂女工卫生室的设立及其活动情况。随着生产不断发展，职工的福利也有了增长。国棉八厂根据纺织女工多的特点，为了加强对女职工的保护，在1954年7月首创成立了女工卫生室。

　　青岛第八棉纺织厂是青岛市大中型骨干企业之一。该厂前身为1935年7月日商创建的同兴纱厂。1946年1月改为中国纺织建设公司青岛第九纺织厂。1951年更名为国营青岛第八棉纺织厂。该厂生产的"双狮"牌、"喜鹊"牌等6个品种纺织品获过奖。

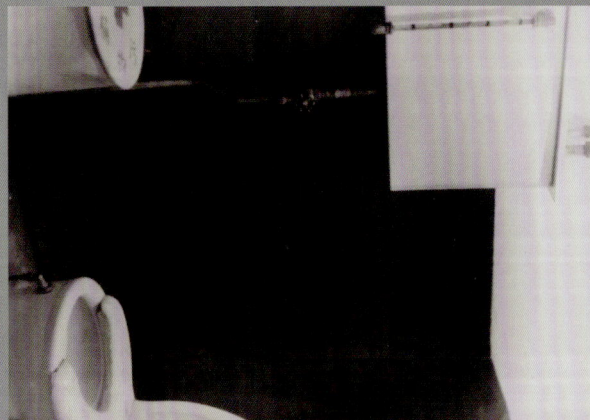

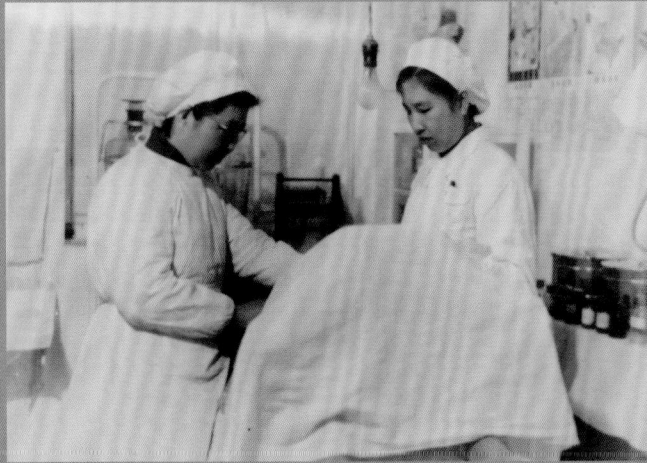

中国工人在越南与越南纺织厂 厂长的合影照片

1956年
青岛市博物馆藏

此为中国技术工人完成了国家交给的光荣任务，在回国前与越南纺织厂厂长合影。

青岛纺织业从1956年4月开始对兄弟国家的纺织工业进行经济技术援助。第一个受援国家是越南民主共和国，由青岛第一至第四棉纺织厂和青岛第六、第七棉纺织厂（今第二毛纺织厂）派出保全、细纱、织布工程技术人员共16人，到越南南定帮助棉纺、印染、丝绸、织毯联合企业恢复生产。第二个受援国家是巴基斯坦，其后是土耳其和圭亚那等国家。至1977年，共派出援外人员48名，援助项目有安装设备、技术指导、培训生产技术力量、建立生产管理制度等。

青岛纺织机械厂纺织工人
技术革新改造照片

1958年
青岛市博物馆藏

照片为青岛纺织机械厂金属针布车间一角，工人进行生产所用设备全是自制的。1948年10月，中纺公司青岛第一机械厂购买日本吉岛金井工厂的针布制造设备，建针布工厂，生产弹性钢丝针布等产品。1949年后，青岛纺织机械厂因所用底布、钢丝等均依靠进口，受帝国主义封锁，被迫停止生产。1954年转给上海远东针布厂生产。1957年，为了提高梳棉机生产效率及大量节约国家资金，青岛纺织机械厂开始试制金属针布，解决了各道工序的技术问题，取得了成功，并于1958年开始正式生产，为高产梳棉机的诞生奠定了基础。

青岛纺织机械厂始建于1920年，是我国纺织机械制造行业的重点骨干生产企业，具有悠久的自主开发、生产纺机产品的历史和经验。

渤海区行政公署签发给李纯芳的供给证

1949年10月13日
滨州市博物馆藏

1949年渤海区行政公署签发给李纯芳的供给证。1999年李纯芳捐赠。

供给证正面写"供给证，字第47790号；部别：惠民县委宣传部；职别：宣干；姓名：李纯芳"等，落款为"渤海区行政公署，1949年10月13日"，并钤印"山东省渤海区行政公署"印。第二页为使用规则，第三页至第六页为发放物品清单，包括"津贴、黄烟、棉衣、帽子、袜子"等十余项内容。

新华社渤海分社、渤海日报社签发给李纯芳的通讯员证

1950年4月
滨州市博物馆藏

　　李纯芳的通讯员证（新字0708号），1950年4月由新华社渤海分社、渤海日报社签发，1999年李纯芳捐赠。封面签盖篆文渤海日报社章。内文中主要是通讯员的义务和权利、通讯员个人信息和注意说明事项。

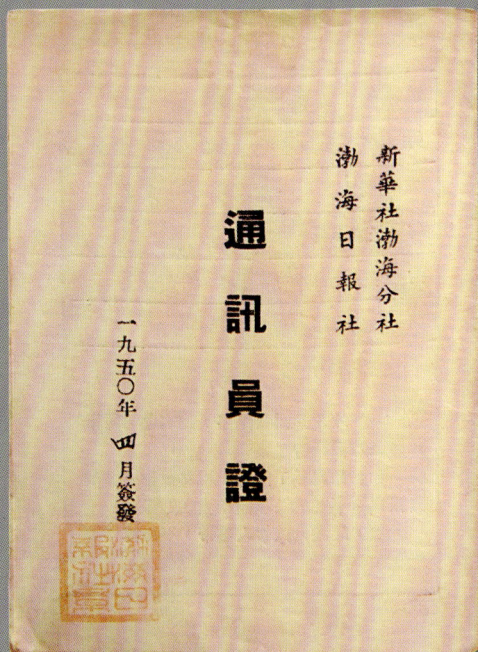

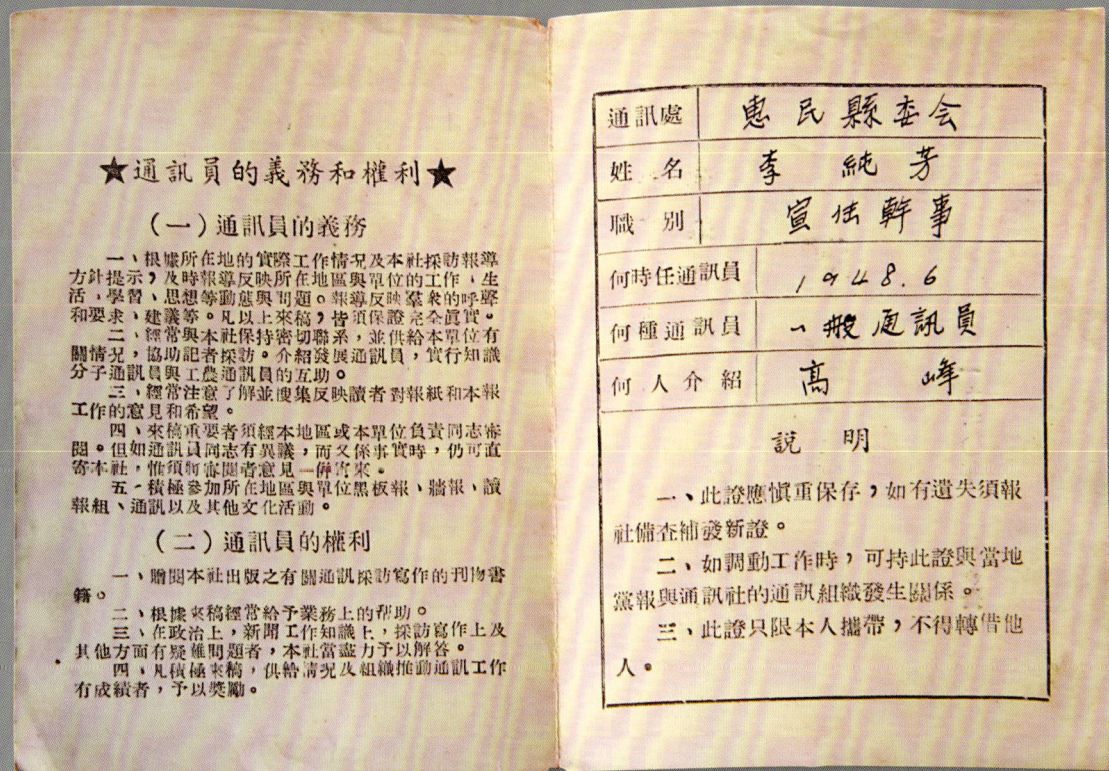

新華社渤海分社
渤海日報社

通訊員證

一九五〇年　四月簽發

★通訊員的義務和權利★

（一）通訊員的義務

一、根據所在地的實際工作情形及本社採訪報導方針提示，及時報導反映所在地區與單位的工作、生活、學習、思想等動態與問題。報導反映羣衆的呼聲和要求、建議等。凡以上來稿，皆須保證完全眞實。

二、經常與本社保持密切聯系，並供給本單位有關情況，協助記者採訪。介紹發展通訊員，實行知識分子通訊員與工農通訊員的互助。

三、經常注意了解並蒐集反映讀者對報紙和本報工作的意見和希望。

四、來稿重要者須經本地或本單位負責同志審閱。但如通訊員有異議，而久係事實者，仍可逕寄本社，惟須詳查閱讀者意見一併寄來。

五、積極參加所在地區與單位黑板報、牆報、讀報組、通訊以及其他文化活動。

（二）通訊員的權利

一、贈閱本社出版之有關通訊採訪寫作的刊物書籍。

二、根據來稿經常給予業務上的幫助。

三、在政治上、新聞工作知識上，採訪寫作上及其他方面有疑難問題者，本社當盡力予以解答。

四、凡積極來稿，供給情況及組織推動通訊工作有成績者，予以獎勵。

通訊處	惠民縣委会
姓　名	李純芳
職　別	宣傳幹事
何時任通訊員	1948.6
何種通訊員	一般通訊員
何人介紹	高峰

説　明

一、此證應愼重保存，如有遺失須報社備查補發新證。

二、如調動工作時，可持此證與當地黨報與通訊社的通訊組織發生關係。

三、此證只限本人攜帶，不得轉借他人。

德州专员公署粮食局粮票

1955年
德州市博物馆藏

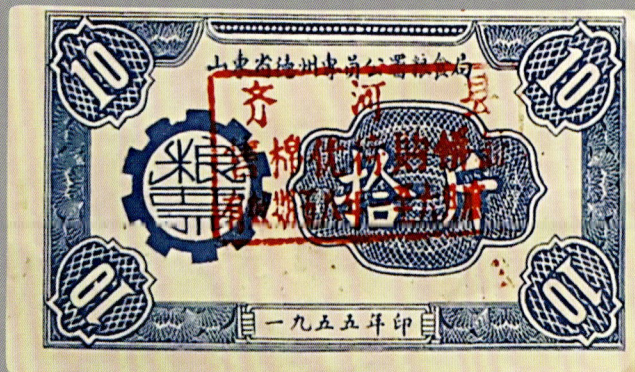

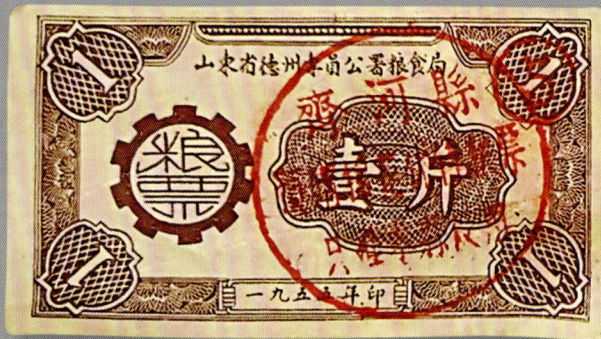

山东省德州专员公署粮食局粮票拾斤（1955年印）、山东省德州专员公署粮食局粮票壹斤（1955年印）各一张。

粮票是我国在特定经济时期发放的一种购粮凭证，具有重要的历史意义和收藏价值。从20世纪50年代末到八九十年代，粮票走入家庭，在当时购买粮食、猪肉、菜油、布料等都需要同时支付人民币和相应的票证，如粮票、肉票、油票、布票等。粮票反映了中国计划经济的时代特征，有较为重要的研究价值和收藏价值。20世纪60年代后，国内各地十分重视粮票的图案设计，精心选用本地的名胜古迹、名山大川、工农业建设工程、风土人情为票面图案，且采用多色印刷，从而使粮票有了独特的收藏价值。

山东省商业厅印发的棉布购买证

1955—1956年
青岛市博物馆藏

为了掌握货源，平抑物价，防止私商囤积棉纱、棉布，根据中财委1951年1月4日《关于统购棉纱的决定》，山东的公私纱厂自纺棉纱、自织棉布以及现存的棉纱、棉布，均停止自行出售，由国营花纱布公司统购。政务院于1954年9月14日发布命令，自9月15日起，所有公私织布厂、印染厂生产的机纱棉布和机纱手纺纱交织棉布，一律由国营花纱布公司统购统销，对城乡居民实行定量凭票供应。棉布购买证反映了当时山东省执行实施了这一政策。

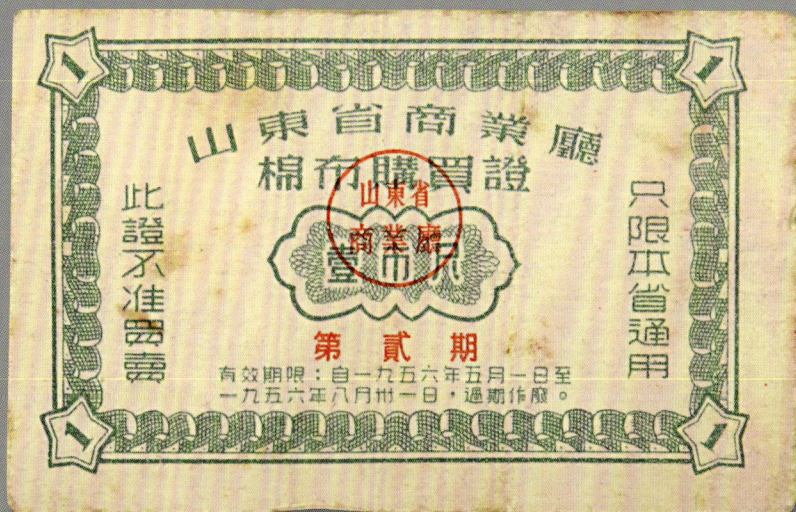

中共惠民地委制定的
《统购统销工作条例》

1954年
淄博市博物馆藏

　　1976年淄博市张店区四宝山文化站张成友征集，四宝山公社军屯大队解兆河捐赠给淄博市博物馆收藏。

　　1954年1月18日，中共惠民地委发给各级党委的《统购统销工作条例》。主要内容为：

　　在粮食统购统销工作中，一切干部党员必须严格遵守以下两条去做。第一条：要向群众进行充分地政治动员，始终贯彻采取群众自我教育的方法，结合群众的切身利益与体验，向群众反复地不厌其烦地进行总路线与统购统销政策的教育，启发群众自觉自愿的把余粮卖给国家，任何强迫命令的做法都是错误的。……第二条：一切干部和党员都必须严格遵守党的纪律和国家法令……

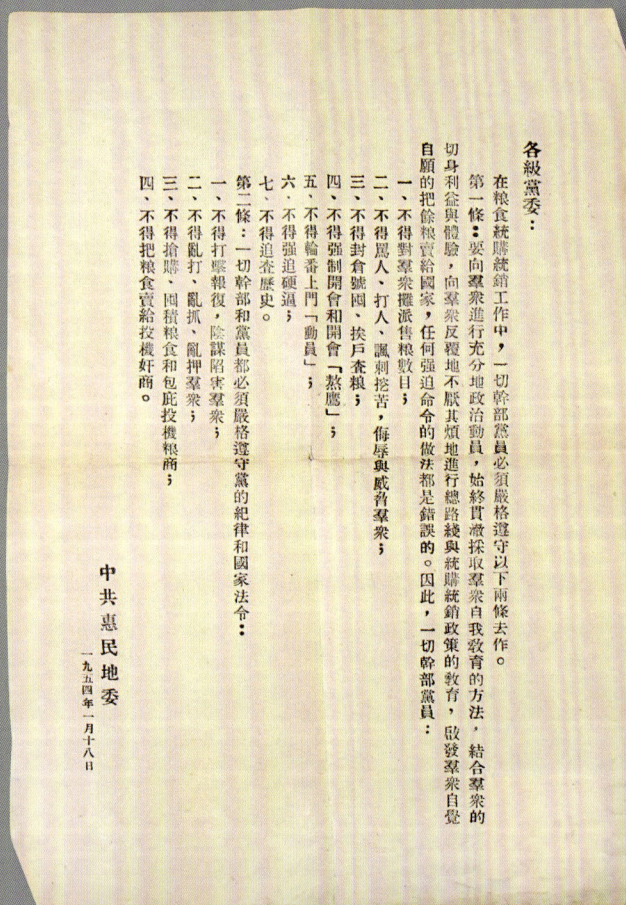

各級黨委：

　　在粮食統購統銷工作中，一切幹部黨員必須嚴格遵守以下兩條去作。第一條：要向羣衆進行充分地政治動員，始終貫澈採取羣衆自我教育的方法，結合羣衆的切身利益與體驗，向羣衆反復地不厭其煩地進行總綫與統購統銷政策的教育，啓發羣衆自覺自願的把餘粮賣給國家，任何強迫命令的做法都是錯誤的。因此，一切幹部黨員：

一、不得罵人、打人、諷刺挖苦、侮辱與威脅羣衆；
二、不得封倉號國、挨戶査粮；
三、不得強制開倉和開會「熬鷹」；
四、不得輪番上門「動員」；
五、不得強逼硬迫；
六、不得追歷史。
第二條：一切幹部和黨員都必須嚴格遵守黨的紀律和國家法令：
一、不得打擊報復，除謀陷害羣衆；
二、不得亂打、亂抓、亂押羣衆；
三、不得搶購、囤積粮食和貪圖投機稅身；
四、不得把粮食賣給投機奸商。

中共惠民地委
一九五四年一月十八日

中国人民银行莒南支行大店营业所借据

1953年
莒南县博物馆藏

中国人民银行莒南县支行大店营业所的借据。1941年前，莒南地域资金融通主要靠民间借贷和典当。1942年9月建立北海银行莒南办事处。办事处无固定驻址，随莒南县抗日民主政府活动，曾先后驻良店、崖子、环河崖等村。至1943年3月，先后隶属于北海银行滨海分行和北海银行总行。1943年10月，北海银行莒南办事处撤销，其贷款业务由县政府经济建设科代理。1947年2月，建立北海银行莒南贷款所，与县府实业科合署办公，办理莒南县的贷款业务。1948年2月，重建北海银行莒南办事处，原莒南贷款所并入。1949年11月，北海银行莒南办事处改称中国人民银行莒南办事处。1951年3月，中国人民银行莒南办事处改称中国人民银行莒南县支行。1951年根据人民银行总行提出的"深入农村，帮助农民，解决困难，发展生产"的农村金融工作方针，建立二区、三区、五区、六区、七区、八区、九区等7个银行流动组。1953年3月，建立一区、四区、十区、十一区、十二区、十三区等6个银行流动组。1952年7月，建立中国人民银行莒南县支行大店营业所。

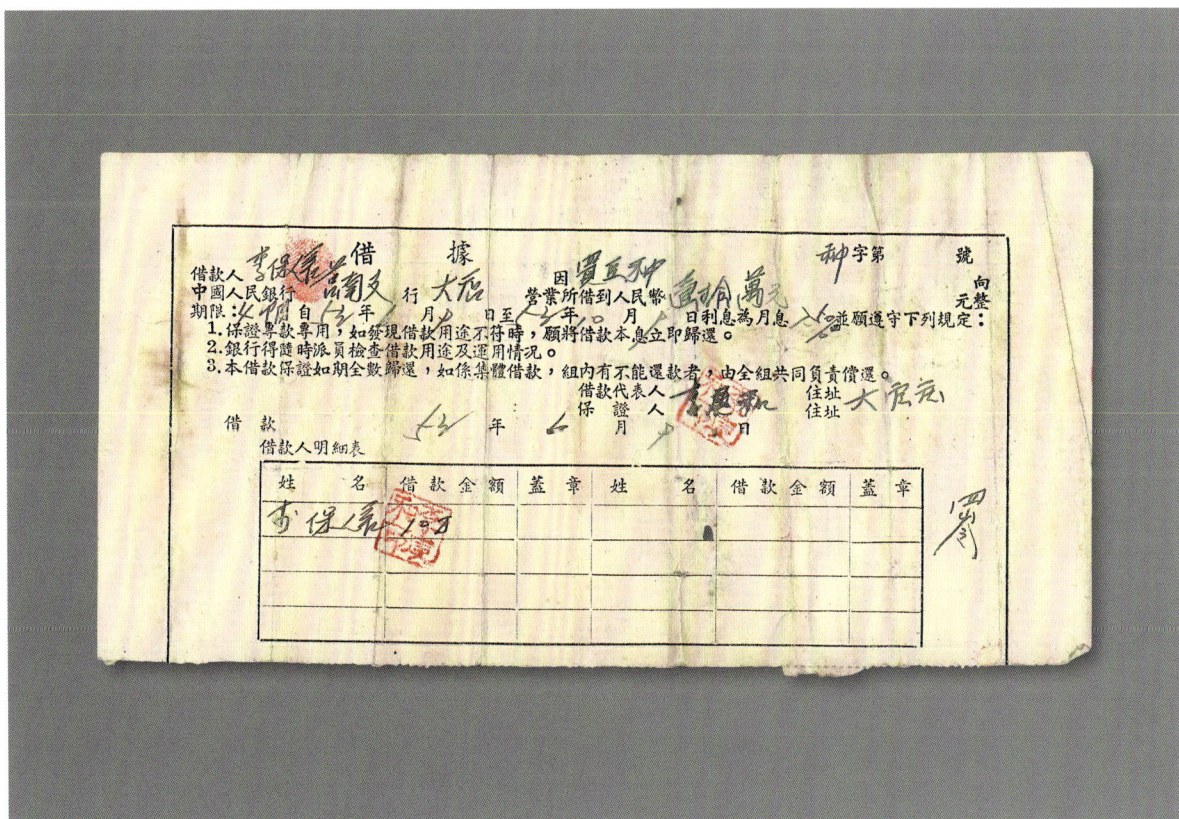

烟台市人民政府工商局、各专业公司 合编《烟台商情》（第391期）

1951年2月1日
烟台市博物馆藏

　　《烟台商情》（第391期），主要内容有"烟台市场动态"，依次记录了"粮食、油脂、纱布、百货、土产、煤建"各产业类别。内页有"烟台行情"和"烟台市批发商品价格表"等内容。该刊物反映了中华人民共和国成立初期烟台市当时的经济恢复发展情况。

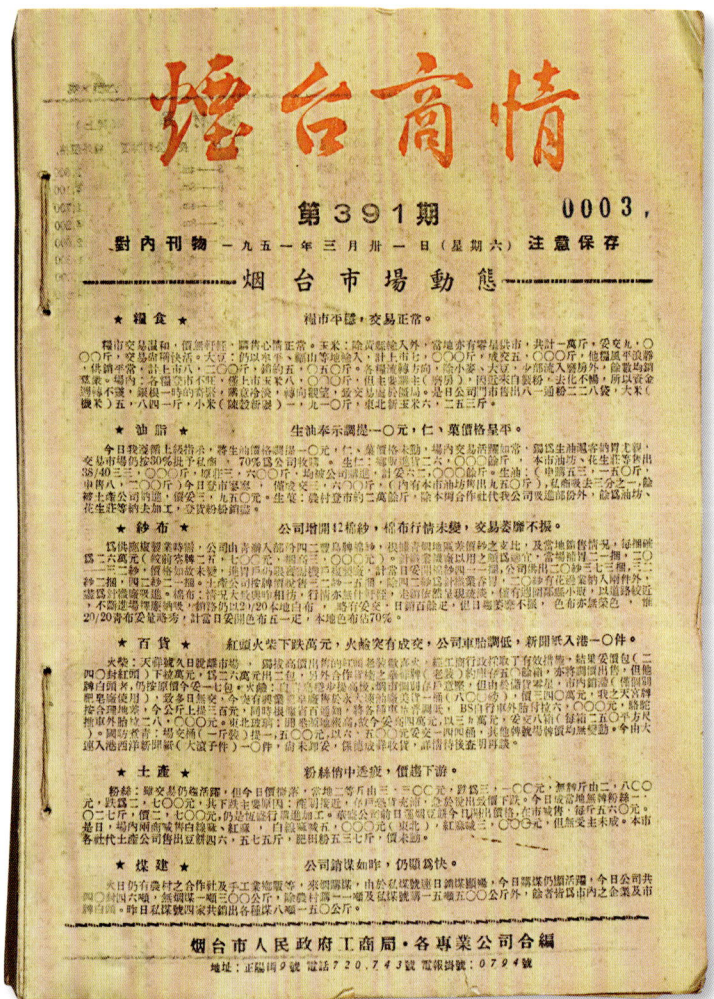

中华人民共和国成立初期
烟台生产的第一批国产钟表

社会主义建设时期
烟台市博物馆藏

圆形，木质外壳，表盘覆玻璃外罩，盘面指针、数字等皆为黑色。背面贴有纸质商标介绍，落款为"品三工业社谨启"。

1948年10月，烟台第二次解放后，人民政府大力扶植民族工商业，烟台造钟工业得以迅速恢复和发展。1949年5月，新生造钟工业社更名为"新德造钟厂"。1954年7月，在对私营企业的社会主义改造中，德顺兴、新德、永业三家造钟厂先后实行了公私合营，企业更名为"公私合营德顺兴造钟厂"，隶属山东省轻工业厅，产品商标有"宝"字、"永"字、"双马业"字等，年底职工达298人。1956年5月，为了协调生产，提高产品产量质量，宝时、新德、永业三家造钟厂合并，成立了公私合营烟台造钟厂，隶属于烟台市地方工业管理局。1962年，公私合营烟台造钟厂完成社会主义改造，经济性质转为国营，生产完全由国家统一计划管理，企业更名为"山东烟台钟表厂"。

此钟表代表了当时我国的造钟水平，见证了社会主义建设时期我国钟表业的发展，是中华人民共和国成立后钟表业恢复和发展的重要物证。

中国共产党胶东区委员会
《关于夏季工作的指示》

1950年
烟台市博物馆藏

　　中国共产党胶东区委员会《关于夏季工作的指示》，时间是"一九五〇年五月七日"。落款处盖有"中国共产党华东中央局胶东区党委"圆形公章。

　　该指示提出"结束土改与新区土改工作，领导上必须长远打算，但夏季主要工作是教育干部调查研究总结过去经验，加强基层组织，提高薄弱村庄等准备工作"，反映了当时胶东区夏季工作的重点。

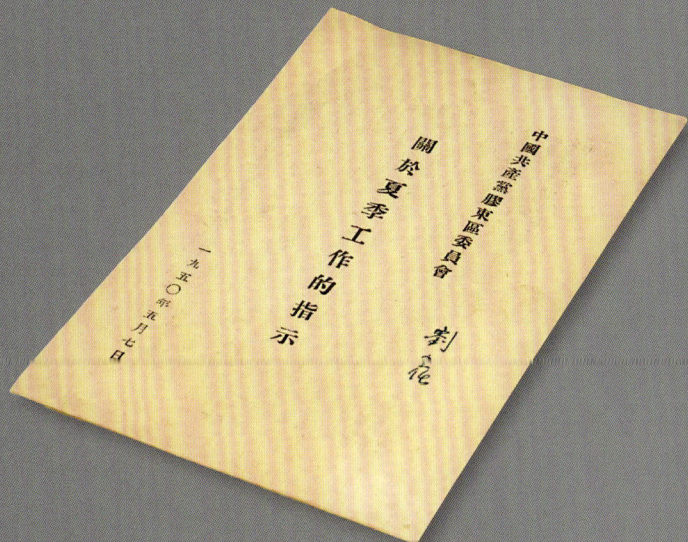

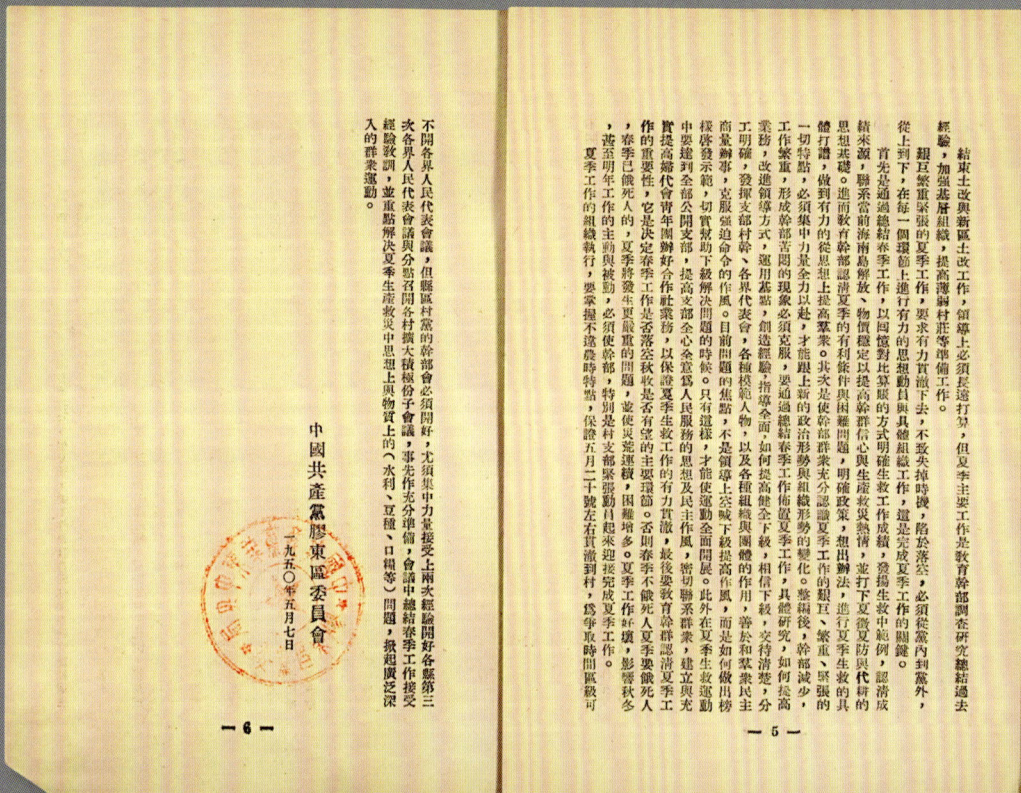

菏泽转业建设委员会证明信

1954年
菏泽市烈士陵园（菏泽市抗日纪念馆）藏

1951年12月为统一领导中国人民解放军的全军专业建设工作，中央决定成立中央转业建设委员会。1954年宪法颁布生效后，中央转业建设委员会撤销。人民革命军事委员会、政务院《关于人民解放军1952年回乡转业建设人员处理办法的决定》规定，各级政权都要设置转业建设委员会并明确规定各级转业建设委员会的人员组成结构。1954年菏泽转业建设委员会证明信记录了当时菏泽的转业建设工作。

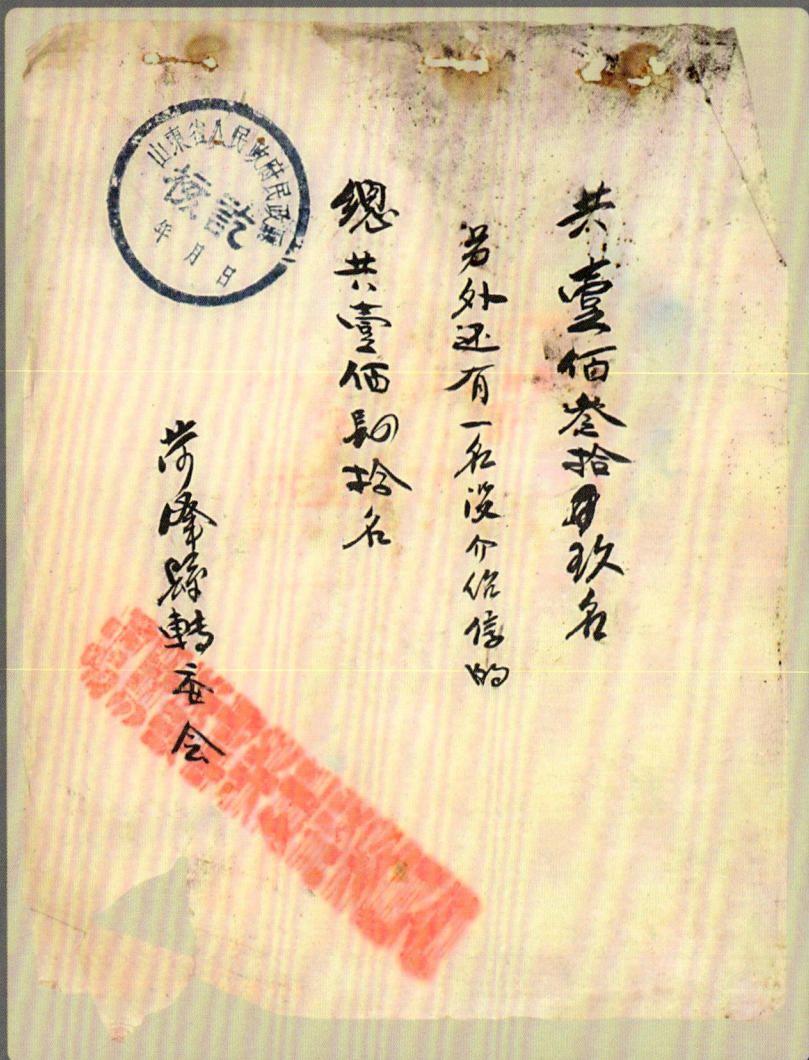

中央选举委员会颁发给劳动模范
刘同诰的证书和出席证等文件物品

1952年
青岛市博物馆藏

　　此组文物共四件，分别为刘同诰小组共同研究创造使用循环翻砂工作法操作情况的照片、刘同诰的第一届全国人民代表大会代表当选证书、刘同诰出席第一届全国人民代表大会的出席证及签到卡片。

　　刘同诰是在中华人民共和国刚刚成立之时职工队伍中涌现出的劳动模范，他曾获得青岛市劳动模范、山东省劳动模范、中国纺织工人劳动模范等光荣称号。他带领班组创造的"循环翻砂工作法"在中华人民共和国社会主义工业建设中广泛推广。当选为第一、二、三届全国人民代表大会代表。

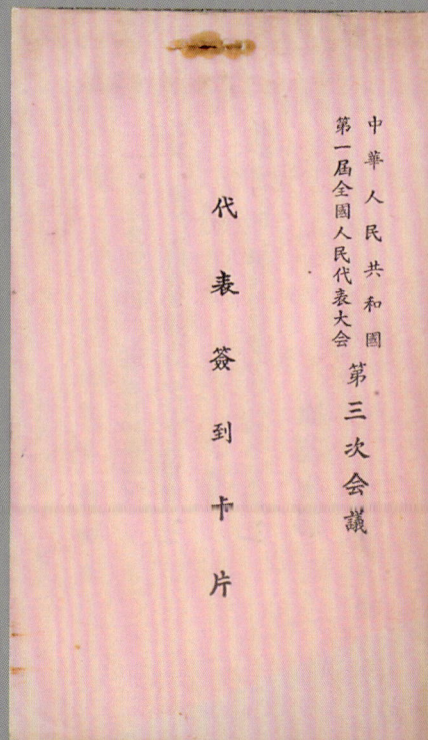

中华人民共和国
第一届全国人民代表大会 第三次会议

代表签到卡片

中華人民共和國第一屆全國人民代表大會

代表當選證書

姓名 劉同誥

年齡 三十五歲

性別 男

代表單位 山東省

中央選舉委員會

一九五四年九月一日

中央選舉委員會印

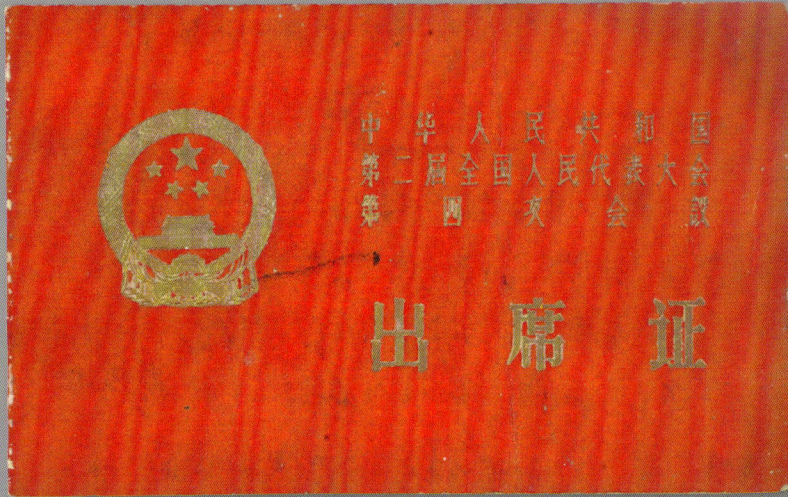

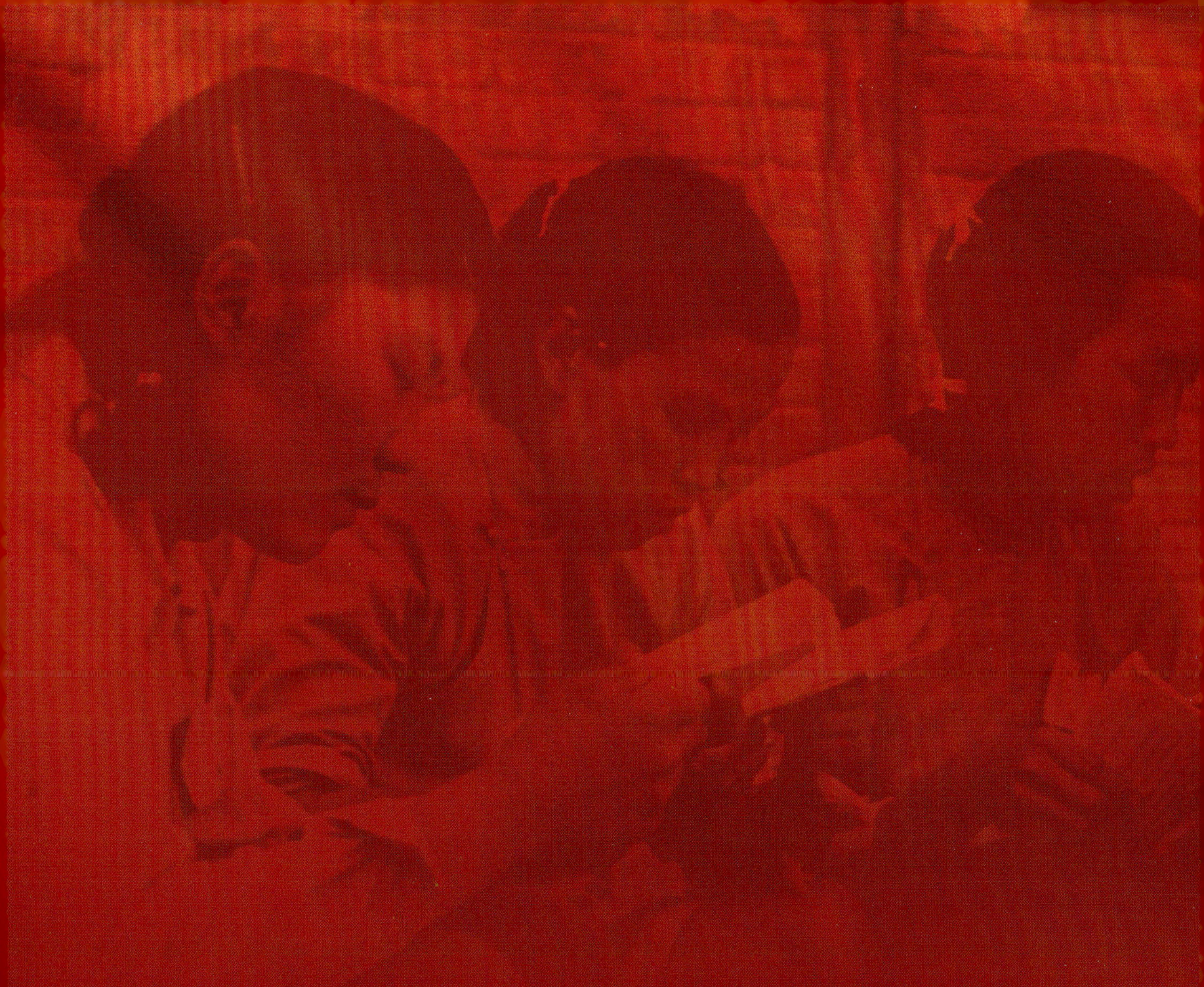

第四章

时政宣传
文艺新天

中华人民共和国成立后，文化建设作为社会主义建设的重要组成部分，也进入了新的历史发展阶段。山东各级文化行政管理部门重视时政宣传工作，有计划、有步骤地发展人民文化教育，大众精品不断涌现，群众文化、文艺创作持续繁盛，有力地保障了人民文化权益，为塑造中国精神、构筑中国话语体系提供了重要支撑。

中共中央华东局宣传部学习室编《党在过渡时期的总路线》

1955年
淄博市博物馆藏

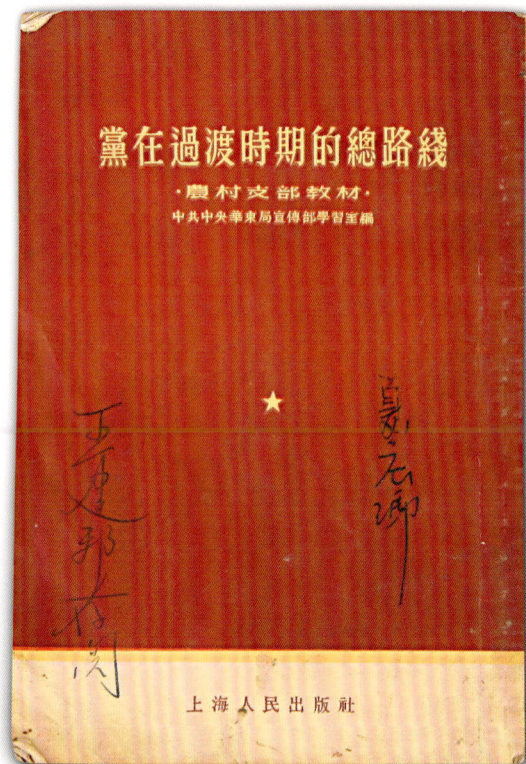

農村支部教材·
中共中央華東局宣傳部學習室編

黨在過渡時期的總路線

上海人民出版社

农村支部教材，1954年中共中央华东局宣传部学习室编，1955年1月上海人民出版社第二版。封面有钢笔字迹"夏庄乡　王建邦存阅"。博山南博山夏庄大队王建邦捐赠给淄博市博物馆收藏。

这本小册子是为农村党员较系统地学习党在过渡时期的总路线而编写的教材。教材共分十五课，除党的奋斗目标、党在过渡时期的总路线以及如何实现总路线等方面的内容外，还特别着重讲述了怎样引导农民走社会主义道路的问题。

1953年6月，中共中央政治局正式讨论和制定党在过渡时期的总路线。12月，中共中央批转中宣部拟定的学习和宣传提纲，对总路线进行详细阐述："从中华人民共和国成立，到社会主义改造基本完成，这是一个过渡时期。党在这个过渡时期的总路线和总任务，是要在一个相当长的时期内，逐步实现国家的社会主义工业化，并逐步实现国家对农业、对手工业和对资本主义工商业的社会主义改造。"1954年9月，第一届全国人民代表大会第一次全体会议将这条总路线写入了《中华人民共和国宪法》，用法律的形式确定了下来。

中国新民主主义青年团华东工作委员会、华东团讯编委会编印《华东团讯》（第14期）

1951年10月10日
烟台市博物馆藏

　　《华东团讯》第14期，中国新民主主义青年团华东工作委员会、华东团讯编委会编印。《华东团讯》是中国新民主主义青年团华东工作委员会于1950年1月17日创刊的国内刊物。该期刊载了中国新民主主义青年团华东工作委员会的工作内容和当时的社会状况，为研究中国新民主主义青年团及华东工委的发展历史提供了珍贵的资料。

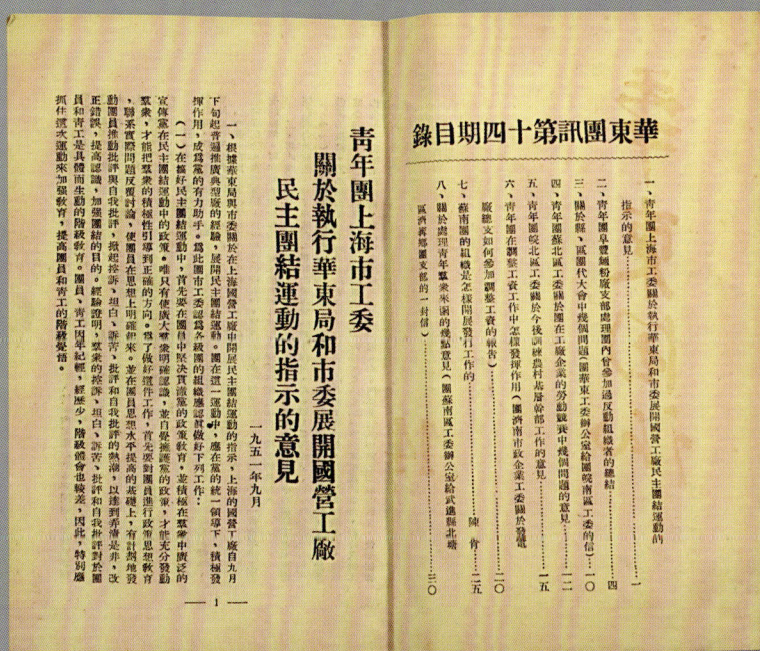

农村大众报社采通室编《农民通讯员》（第一期）

1951年1月15日
烟台市博物馆藏

《农民通讯员》第一期，农村大众报社采通室编。目录页列有十个文章题目，头条文章标题《大家齐动手办好"农民通讯员"》，说明了办刊目的是"帮助农民通讯员提高思想，做好工作……更好的兴家立业，更积极的参加抗美援朝保家卫国运动……解决写作中的困难，更好的写出农民兴家立业，抗美援朝的思想和事迹，推动全省农民，参加国家建设和保卫国家的工作。"

农民在田间地头阅读《大众日报》

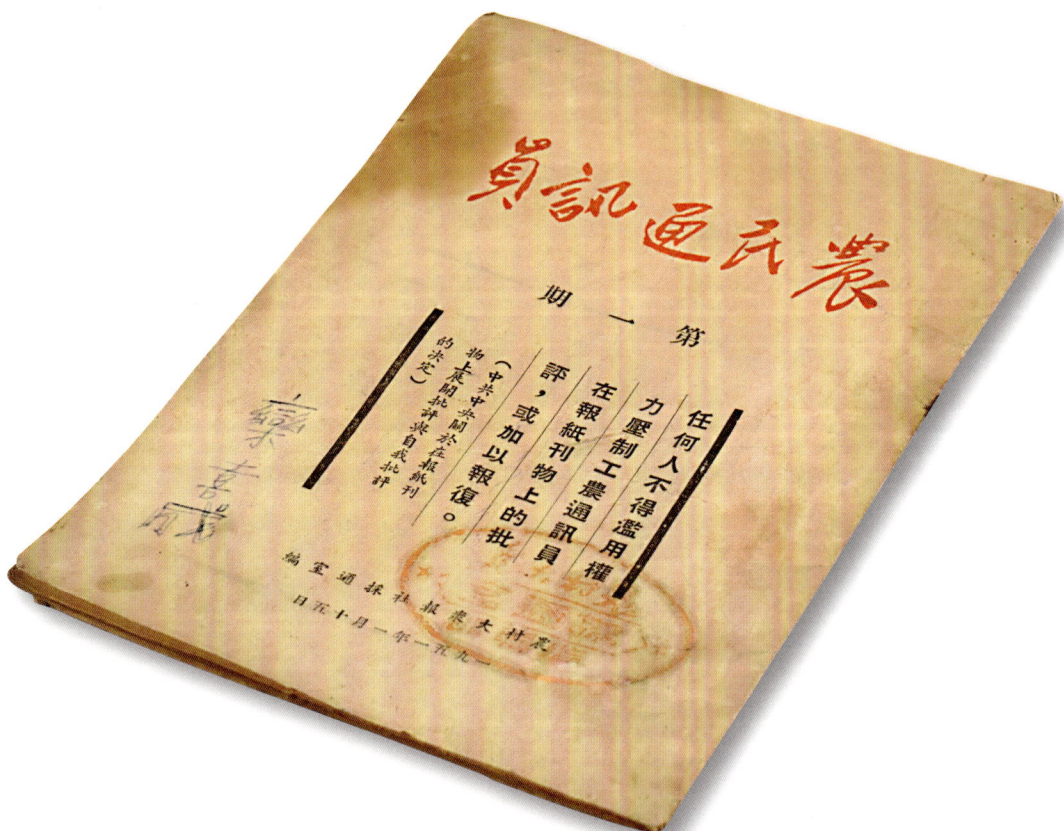

農 民 通 訊 員

第 一 期

目錄

大家齊動手
辦好「農民通訊員」

大家盼望好久的「農民通訊員」，今天和大家見面了。我們熱望它在大家愛護和幫助下，真正成為咱農民通訊員提高思想、工作、學習的好朋友！

「農民通訊員」，是咱農民討論工作，業務學習的園地。因此主要是幫助農民通訊員同志們，幫助農民通訊員學習的園地。它的任務想，做好工作，幫助咱們更好的興家立業，要積極的參加抗美援朝保家衛國運動，幫助咱們解決寫作中的困難，更好的寫出農民興家立業，抗美援朝的思想和事蹟，推動全省農民，參加國家建設和保衛國家的工作。因此，希望大家把組織通訊組、發展通訊員、組織讀報、和開展黑板報運動的經驗寫來，把你的要求和困難寫來，把你的經驗和困難寫來，咱們大家研究解決。我們就經常告訴大家一些業務知識，提出每時期的報導意見，供給大家參考。

為了把「農民通訊員」辦好，使它真正成為咱農民通訊員同志的好朋友，就需要大家自己動手來辦，只有大家一齊動手，一齊寫稿子，一齊提意見，這個刊物才能使咱農民通訊員喜歡，成為幫助咱農民通訊員解決問題，成為自己的好朋友。

農民通訊員同志們！熱望你們積極向本刊投稿，提出你的要求和意見，使咱們的「農民通訊員」，與大家實際要求結合起來，更好的為大家服務。

— 1 —

威·阿·贝格玛著、刘丕坤译、人民
出版社出版《非党积极分子是党组织的
支柱》

1951年
中国鲁锦博物馆藏

　　威·阿·贝格玛著，刘丕坤译，1951年人民出版社出版。封面钤"新华书店鄄城支店赠阅"印章，钤"鄄城县文化馆"紫色印。该书主要内容介绍：党与党组织的主要力量在于联系劳动群众中的积极分子的原因，培养党组织与依靠非党积极分子的问题是党组织在领导国家文化、经济建设中的重要问题之一。该书正是以党组织如何对待非党积极分子进行工作为主题而写的，是党组织进行群众工作的经验总结，它以刚从法西斯德国占领下解放出来的罗福诺省为背景，生动地叙述了从发动最初一切积极分子到使整个省内工作活动起来的具体过程，作者分析叙述具体，对当时的中国共产党的建设具有启发作用。

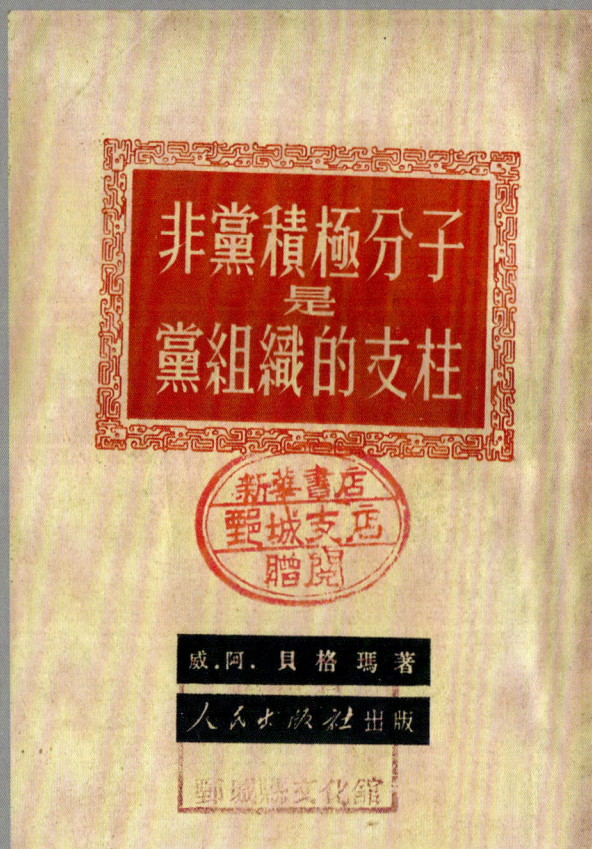

吴高田的第三届庆功大会纪念册

1953年
博兴县博物馆藏

　　吴高田的第三届庆功大会纪念册，红色封面，扉页写有"吴高田功臣同志：您在伟大的抗美援朝斗争中，为祖国增了光彩，为人民立了功勋，为了永久的纪念，特赠此手册以资奖励。中国人民志愿军铁道兵团第一团政治处　一九五三年十月二十五日"。

　　1950年6月25日，朝鲜战争爆发，同年10月19日，我国组织志愿军奔赴朝鲜作战。抗美援朝期间，博兴县先后分批送出2000多名优秀青年参加志愿军。

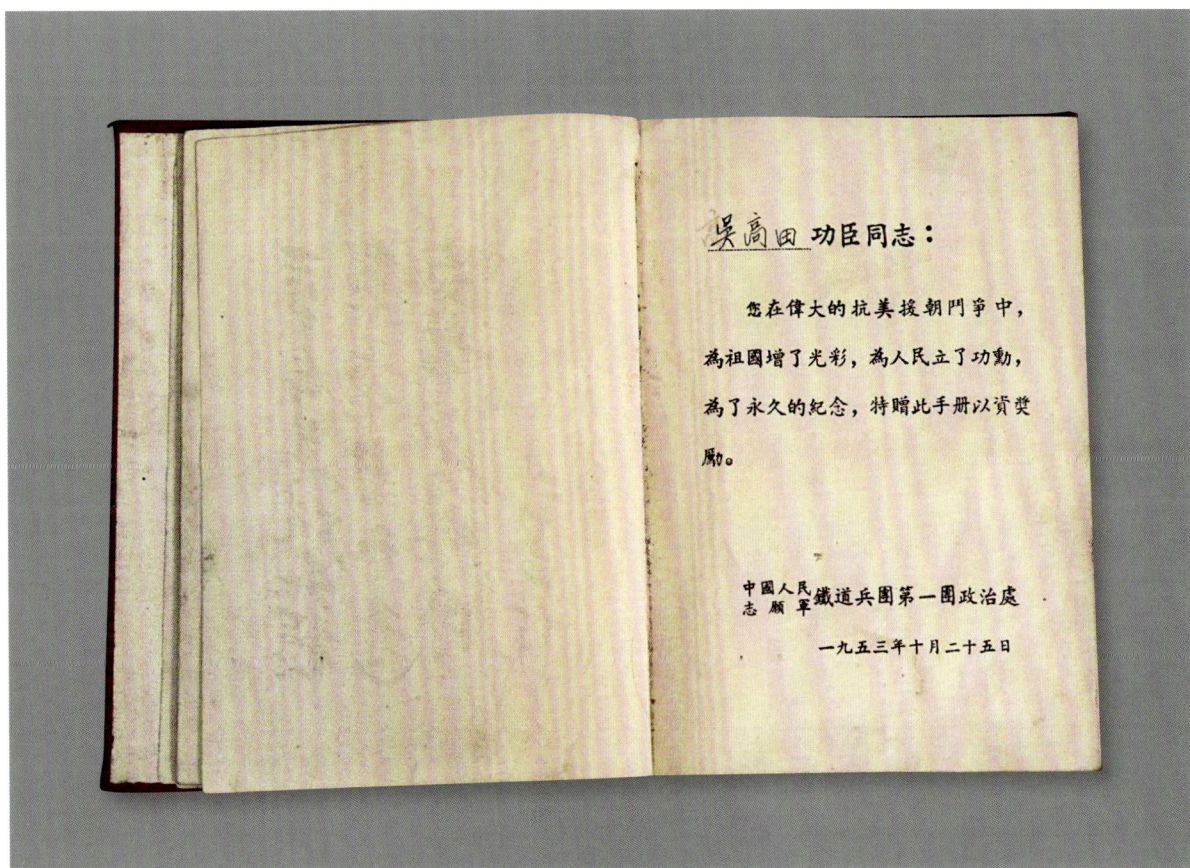

沂水专署所制纪念各县农民教育模范会议纪念章

20世纪50年代初期
临沂市博物馆藏

　　铜质，正面正中偏上有红色五角星，五角星下有"纪念"二字；外圈上半部分为麦穗、齿轮纹样，下半部有文字"各县农民教育模范会议　沂水专署赠"。

　　此纪念章由沂水专署所制。1950年，教育部发出《关于开展农民业余教育的指示》，规定农民业余教育一般应以识字学文化为主，并辅以时事政策教育和生产、卫生教育。当时主要的农民业余教育方式有冬学、速成识字班、民校、夜校等。1951年，沂水专署（1950年5月，鲁中南行政公署沂蒙专署易名为山东省人民政府沂水专署）成立工农教育委员会，集中开展以扫盲识字为主的冬学运动。1952年7月2日，为推广"速成识字法"，沂水专署开办农民速成识字法实验班。1953年，在互助合作运动中，农民教育提出了"农闲多学，忙时少学，大忙放学"的办学原则。为表彰和总结这一时期实施农民教育的情况，在各县农民教育模范会议上，沂水专署向模范代表人物颁发此纪念章。

170

中共德州市委员会的开展扫盲和业余教育的材料

1956—1959年
德州市博物馆藏

共六件文物，分别为：1956年1月17日《中共山东省委批转团省委〈关于目前农村扫盲工作进行情况的检查报告〉》，1956年11月《德州市人民委员会一九五六年扫盲工作情况及一九五七年扫盲工作的意见》《中共德州市委员会德州市人民委员会关于扫盲工作规划》，1959年11月10日《德州市人民委员会关于要求立即掀起一个轰轰烈烈地群众办学大搞普及教育运动的指示》《德州市人民委员会关于大力开展扫盲和业余教育运动建立定期回报制度的通知》《中共德州市委员会德州市人民委员会关于加速扫除文盲大办业余教育的工作意见》。

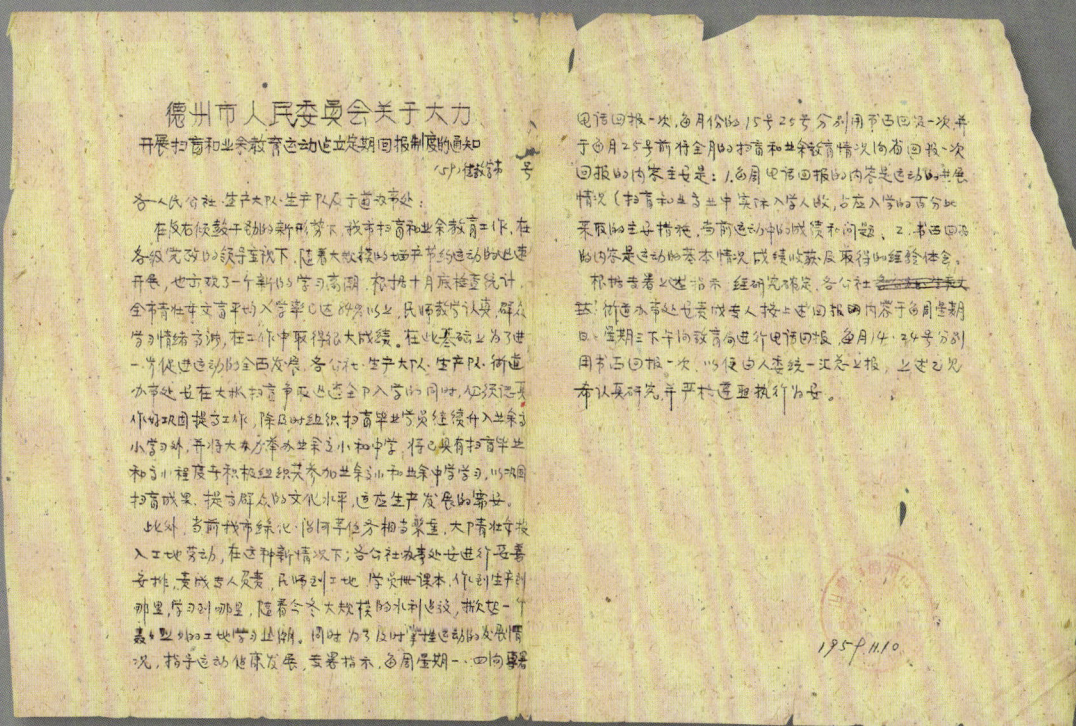

德州市人民委员会
一九五六年扫盲工
作情况及一九五七
年扫盲工作的意见

一九五六年十一月

中共德州市委员会
德州市人民委员会 关於扫盲工作规划

为迅速提高广大工农群众的文化水平，适应工农业生产大跃进和技术革命的需要，加速社会主义建设，特将我市扫盲工作具体规划如下：

一、基本情况：

全市共计总人口81006人，有青壮年文盲半文盲22000余人，几年来我市扫盲工作在各级领导和广大群众的共同努力下，由於认真贯彻了党中央和毛主席的指示，扫盲工作取得了很大成绩，全市已有6000余人摆脱了文盲状态，同时在扫除文盲的基础上，也相应地组织了业余小学和中学，使广大工农青壮年群众文化水平有很大提高，同时也有力的促进了社会主义各项事业的发展。但是随着工农业生产的大跃进，我市扫盲工作远远跟不上新形势发展的需要。根据一九五七年底统计，全市现有青壮年文盲半文盲12023人，其中干部文盲82人，职工文盲1280人，市民文盲4933人，农民文盲5728人，这主要是过去在扫盲工作中存有右倾保守思想，对新形势估计不足。根据目前情况，我们必须坚决打掉右倾保守思想，鼓起革命干劲，急起直追奋勇向前，力争上游促进扫盲大跃进，以适应工农业生产的需要。

当前在思想、生产两大高潮的震动下，对任进扫盲大跃进带来了极有利的条件。第一、广大群众经过社会主义教育，思想觉悟大大提高，通过新的生产高潮对学习文化科学技术的要求更加迫切，第二、党中央及省人委对扫盲工作的特别重视；第三、我市有文化的人很多，师资

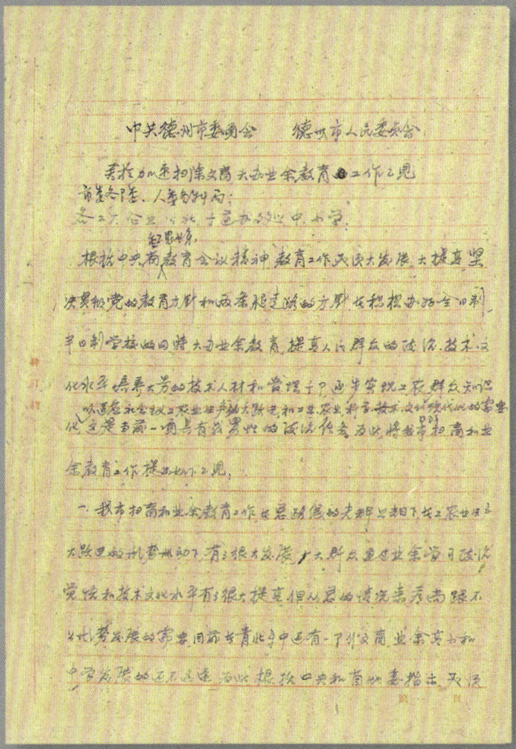

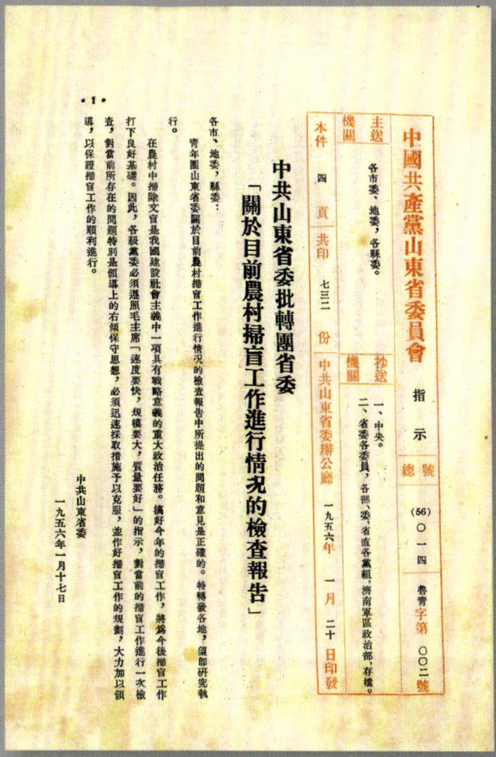

中國共產黨山東省委員會　指示

總號（56）〇一四　魯青字第〇〇二號

主送機關：各市委、地委，各縣委。

抄送機關：一、中央。二、省委各委員，各部、委，省直各黨組，濟南軍區政治部，存檔。

本件四頁　共印七三二份　中共山東省委辦公廳　一九五六年一月二十日印發

中共山東省委批轉團省委「關於目前農村掃盲工作進行情况的檢查報告」

各市、地委，縣委：

青年團山東省委關於目前農村掃盲工作進行情况的檢查報告中所提出的問題和意見是正確的。特轉發各地，望即研究執行。

在農村中掃除文盲是我國建設社會主義中一項具有戰略意義的重大政治任務。搞好今年的掃盲工作，將為今後掃盲工作打下良好基礎。因此，各級黨委必須遵照毛主席「速度要快，規模要大，質量要好」的指示，對當前的掃盲工作進行一次檢查，對當前所存在的問題特別是領導上的右傾保守思想，必須迅速採取措施予以克服，並作好掃盲工作的規劃，大力加以領導，以保證掃盲工作的順利進行。

中共山東省委

一九五六年一月十七日

·1·

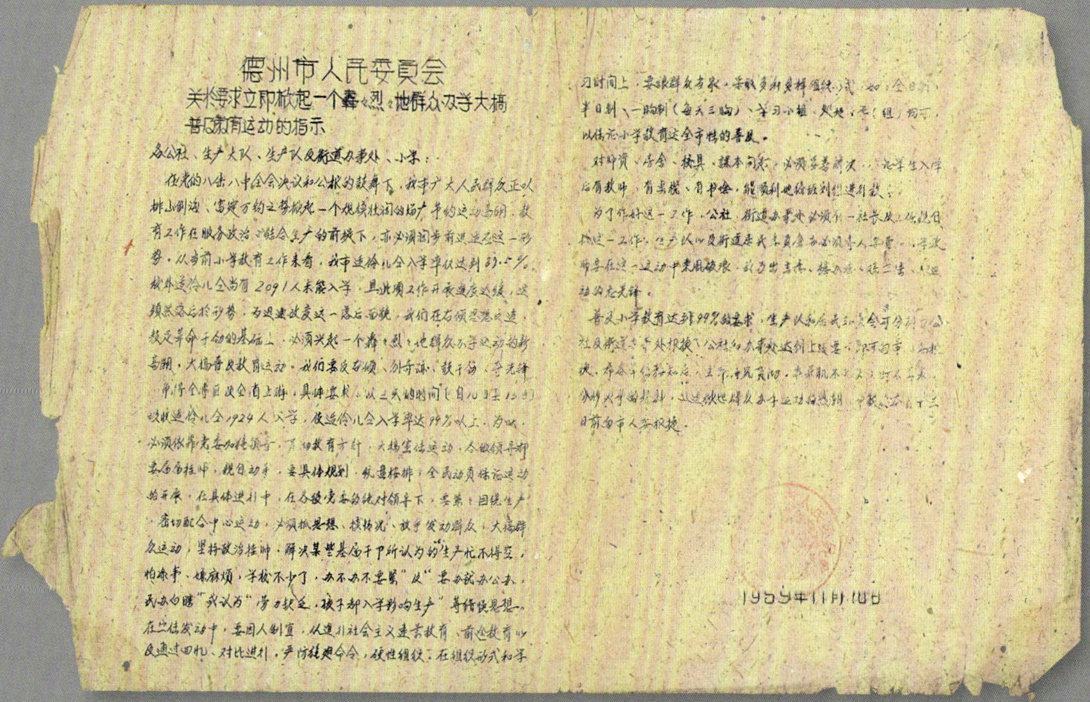

德州市人民委员会

关于要求立即掀起一个轰轰烈烈地群众办学大搞普及教育运动的指示

各公社、生产大队、生产队及街道办事处、小学：

20世纪50年代山东妇女参加扫盲学习

1977年10月12日，国务院正式宣布当年恢复高考。1977年冬天，内地570万考生走进了曾被关闭了十余年的高考考场。图为1977年冬的高考现场。

柳亚子

1887—1958

本名慰高，号安如，改字人权，号亚庐，再改名弃疾，字稼轩，号亚子，江苏吴江人，中国近现代政治家、民主人士、诗人。1903年参加中国教育会，后入同盟会和光复会。1905年创办《复报》，1909年创办南社，1914年至1918年任南社主任，曾与宋庆龄、何香凝等从事抗日民主活动，他还曾任孙中山总统府秘书、上海通志馆馆长、三民主义同志联合会中央常务理事、中国民主同盟中央执行委员等。1949年出席中国人民政治协商会议第一届全体会议。

《柳亚子先生胶东诗录》

1949年
烟台市博物馆藏

《柳亚子先生胶东诗录》，是柳亚子赴北京参加政协会议路过胶东时所作诗稿的抄本。线装本，封面藏蓝色。首页开篇为"一九四九年诗录""吴江柳亚子"。

1949年初，党中央电请在香港的民主人士前往北京，共商国家大计。诗人柳亚子于2月28日由香港启程，3月5日乘船抵烟台，3月7日抵莱阳，3月9日抵潍县，3月10日自潍县乘车抵青州。在此期间，柳亚子先生写下了20首内容丰富、深刻的诗作。此抄本收录了柳亚子路过胶东时所作的诗稿，这些作品热情洋溢，反映了诗人的爱国情怀及与人民同乐的欢愉之情。诗人通过在解放区的胶东接触中国共产党的中高级领导干部和与胶东解放区人民的交流，感触颇深，对人民解放战争予以高度评价。

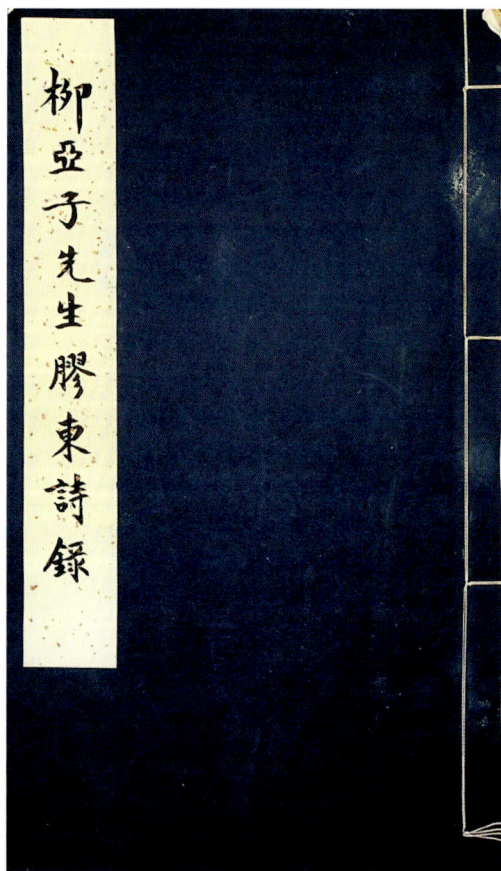

共青团山东省委机关报
《山东青年报》
（1956年10月17日）

1956年
栖霞市牟氏庄园管理服务中心藏

1956年10月17日《山东青年报》，现存第3、4版。1956年10月17日，是伟大的文学家、思想家和革命家鲁迅先生逝世二十周年纪念日，该期刊发了王彬的《伟大的鲁迅先生》和周晔的《我的伯父鲁迅先生》。

《山东青年报》是共青团山东省委机关报，创刊于1949年8月，4开4版。初为5日刊，后改为周二、周三刊。《山东青年报》坚持正确的政治方向，宣传中共十一届三中全会以来的路线、方针、政策，引导青年成为时代的有理想、有道德、有文化、有纪律的"四有"新人，帮助青年增强对改革的承受能力，引导青年投身改革和建设方面，进行了大量的宣传报道。同时，重视青年日常生活的宣传指导，注重代表青年的利益，除在报纸上开辟复信栏目"问与答"外，还设立了编辑联系点，定期到青年中听取意见。为了满足部分青年对国际局势和国外青年的了解，报纸还开辟了"国际望台""国外青年生活"等栏目，加强了国外信息和青年生活的报道。

《农村大众》
（第四六六期）

1953年10月1日
栖霞市牟氏庄园管理服务中心藏

　　《农村大众》于1950年5月15日创刊。1953年10月1日出版的《农村大众》第四六六期，主题为庆祝中华人民共和国成立四周年。主要刊登的电文内容是为庆祝中华人民共和国成立四周年，苏维埃社会主义共和国联盟部长会议主席格·马林科夫、外交部部长维·莫洛托夫的贺电，同时还刊登了《庆祝国庆节大力增产节约支援国家建设》《农业劳模张富贵、王朝佑给工业劳模刘庆祥的信》等。

刘知侠

1918—1991

　　河南卫辉人，著名作家。他一生中给后人留下了400万字的文学作品，其中即有风靡了整整一代人的《铁道游击队》。抗战时期，在山东省文协工作的刘知侠两次通过敌人封锁线，去鲁南的枣庄和微山湖，到铁道游击队深入生活，为长篇小说《铁道游击队》收集了丰富的素材。1954年《铁道游击队》出版，后改编成电影文学剧本，搬上银幕。据统计，《铁道游击队》在全国产生了广泛影响，受到中央文化部的奖励。前后共出版300余万册，并译成英、俄、法、德、朝、越等8国文字在国外发行。

刘知侠著《铁道游击队》手稿

1953年5月
山东博物馆藏

　　此为刘知侠著长篇小说《铁道游击队》的创作手稿。手稿中有刘知侠日记、采编笔记、刘知侠与战友往来活动的回忆录等，真实记录了刘知侠文学创作的整个过程，也为抗战题材电影提供了丰富的文学资料。

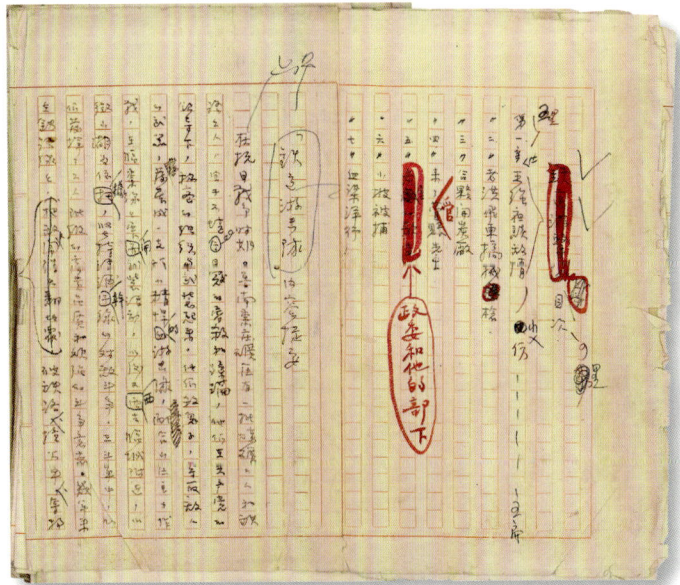

第一章 井

王强夜谈

山东文艺社

上海电影制片厂出品的《铁道游击队》的
电影拷贝

1956年
聊城中国运河文化博物馆藏

　　《铁道游击队》是由上海电影制片厂出品，赵明执导，曹会渠、秦怡等主演的剧情片，于1956年上映。该片讲述了抗日战争时期活跃于山东枣庄地区的铁道游击队的英勇事迹。

后 记

党和国家历来重视革命文物的保护和利用。2021年建党100周年之际，习近平总书记站在历史和全局的高度阐述了革命文物工作的重大意义和时代价值，深刻阐明了革命文物工作的使命任务，鲜明提出了保护好管理好运用好革命文物的根本要求，是我们做好革命文物保护利用工作的根本遵循，也为今后我们进一步建设具有中国特色、中国风格、中国气派的文物事业指明了方向。

中国共产党的发展历程，是波澜壮阔的奋斗史，是历经淬炼的艰辛史，是带领中国人民从站起来、富起来、再到强起来的光荣史。在过去的百年间，中国共产党人在不同的历史时期都能够迎难而上、迸发奋进伟力，引领中国人民和中华民族摆脱艰难困境，走向光明复兴。与此同时，中国共产党人在华夏大地创造出灿烂的革命文化，保留下了丰富的革命文物。山东是革命老区、红色热土，革命根脉向阳而生。据统计，全省共有可移动革命文物9万余件（套），数量居全国前列。系统丰富的革命文物遗存是革命传统和革命文化的活化石，承载着百折不挠的民族精神、坚如磐石的理想信念和历久弥新的初心使命。保护好革命文物，就是保护好历史的见证。只有更好的研究，才有更好的保护和传承，才能更好惠及人民。

为用好革命文物资源，打造中国国内红色文化经典图书，服务于党史学习教育、理想信念教育和爱国主义教育，自2020年始，山东博物馆即将《山东省革命文物图文大系》十卷图书列为重点出版项目，着手策划选题，立足全省革命文物优势资源，组织广泛的研究力量梳理解读，反复论证选题框架结构，进行文物考证与补遗，本图书的文本撰写工作历时三年余。至2023年初，山东博物馆在前期数年的整理基础上，遴选集成文博系统、档案系统、退役军人事务系统等123家单位的革命文物1250件（套）（近千件文物图文信息属首次对外公布），编辑完成十卷书稿，撰写总量60余万字；同时以多条路线组织奔赴全省十六地市数十家单位采集革命文物高清影像，呼应同时期历史背景下的珍贵影像，总计汇集影像资料共800余张。《山东省革命文物图文大系》十卷图书是第一次对山东省内可移动革命文物精品进行系统集成出版，充分发挥山东博物馆革命文物研究中心的积极作用和省级龙头馆的引领作用，是山东省提升革命文物保护利用实践的新展示，更是传承弘扬齐鲁革命精神的重要体现。

本套图书分"暗夜觉醒"、"齐鲁曙光"、"丹心赴继"、"砥柱中流"（上中下）、"命运决战"（上中下）和"奠基立业"共十卷，以解读革命文物、实证革命历史、讲述革命故事为模式，致力打造红色文化经典图书。十卷图书各卷历史分期有序、自成体系，所遴选文物充分体现了山东革命文物的地域性特点：跨度长且有连续性、谱系完整，类型丰富全面、文物价值较高、蕴含丰富精神内涵，展现了自鸦片战争至中华人民共和国成立后的社会主义建设初期，英勇果敢的山东人民在内忧外患中觉醒、在民族危亡中团结，在艰苦卓绝的抗日战争和波澜壮阔的解放战争中，在中华人民共和国成立初期的奠基立业中，山东党政军民作出的巨大贡献。所选文物的历史时期集中于抗日战争和解放战争时期，通过深入挖掘阐释革命文物，展现文物所反映的真实历史和精神内涵；同时借助多种编排手法，使文物的解读实现了实证与思政的统一。

在图书的筹备和编纂过程中，山东省文化和旅游厅高屋建瓴、统筹协调，全省各地市系统单位大力支持，为本书提供珍贵文物高清影像和文献史料，共书浩瀚红色巨著。本书涉及大量历史背景、党史事件和细节故事，兼及可移动和不可移动革命文物的搭配诠释。为确保图书质量，打造权威高品位文化精品，书中每件文物历史背景、故事、事件均是按照历史档案、党史权威出版论著撰写，先后召开专家论证会开展集中论证，并邀请四位党史、近现代史专家对十卷图书进行权威把关。各分卷主编和参与文物信息撰写的全省革命文物工作者对文物涉及的文献资料，严格依据权威出版论著核校。核校依据涉及各类文献选编、档案汇编、权威读物等70余种。出版编辑团队在通读"四史"指定读物基础上，梳理党史、中华人民共和国史、改革开放史、社会主义发展史发展脉络。同时，本书的装帧历经3次设计，在吸收众长的基础上确定了现在的设计和排版方案，图文并茂的形式特别是大幅高清图片展现文物细节，给读者更多的视觉感触。

繁霜尽是心头血，经历了三年多的筹备，最终等到付梓出版，有赖于山东省文化和旅游厅领导、山东博物馆领导的高度重视和支持，主要负责编辑本书的山东博物馆革命文物部团队齐心协力，忘我工作，并同信息部文物摄影师一道，严寒酷暑里舟车劳顿往返十六地市各单位数字化采集文物影像，分十余批次才最终完成文物高清图片调取、拍摄工作，真正将业务工作做在了齐鲁大地上。透过高清展示的文物和力透纸背的文字，读者可以触摸到历史的脉搏，探寻革命烈士的碧血丹心、革命历程的艰苦卓绝和民族力量的震撼人心……还有很多为本书默默奉献、无怨无悔的同仁同事，不再一一详举，在此一并表示衷心感谢！

革命文物是历史、是记忆、是传统。走得再远、走到再光辉的未来，也不能忘记走过的过去，不能忘记为什么出发。在齐鲁大地上，每一处革命旧址都是"红色地标"，每一件革命文物都是一座"精神宝藏"，是共产党人的精神之"气"，基因之"源"。述往思来、向史而新。在五千年厚重的历史底蕴上、在三千年蕴育的齐鲁文化中，在百余年不变的初心使命里，山东历史正不断书写新时代走在前列的恢宏篇章。让我们铭记光荣历史、弘扬革命精神，从革命文物中不断汲取奋进力量，继续破浪前进、扬帆远航。

编者

2024年12月